ピョートル・フェリクス・グジバチ

人生が変わる
メンタルタフネス

Google's mindfulness
Strong mindset leads to
higher performance.

グーグル流「超集中」で常識を超える
パフォーマンスを生み出す方法

はじめに

突然ですが、あなたは自分のメンタルが「強い」と自信を持っていますか？

それとも「弱い」と思っていますか？

少々のプレッシャーならはねのける自信がある。困難な出来事にも果敢に立ち向かっていける。イザというときには持っている以上の力を発揮できる。

そういう人もいる一方で、解決が困難な出来事に対して逃げ出してしまいたくなったり、また過去の失敗や挫折を思い出してはふさぎこんでしまったり、あるいは大切な商談を前に緊張して話が支離滅裂になったり……。

こんなふうに「自分は、なんてメンタルが弱いんだろう」と思う人が多いのも事実です。そして日本人は、後者が多い。それは僕が日本にきて感じたことで、今でもとてももったいないことだと思っています。

すごく優秀な人なのに、メンタルが弱いせいで、仕事で実力が発揮できず、人間関係では余計な気を遣い、また組織ではチームを上手にまとめられず、結果につなげることができない人が、実に多いのです。

僕は本書で、メンタルをタフにする方法、メンタルタフネスを紹介しています。**それは物事に動じなくなるとか、自信がみなぎるだけではありません。自分のなかにある潜在能力を引き出し、想像以上の結果を導く方法であり、新たな価値を生み出す生き方と言ってもいいでしょう。**

スキルを磨くには限界がありますが、メンタルをタフにすることに限界はありません。それは自分の可能性をどんどん広げていくことでもあるのです。

生き方は、時代の変化とともに問われている

そういえば、自己紹介がまだでしたね。

Miło mi poznać!（ミウォ・ミ・ポズナチ）

ピョートル・フェリクス・グジバチです。右の言葉は僕の母国、ポーランドの言葉で「お会いできて嬉しい」という意味です。これまでの僕の著作を読んでくださって

いる方にも、本書がはじめてという方にも、まずは僕がどんな人間で、どんな経験を通じて、どのように本書のテーマであるメンタルタフネスの必要性を感じ、身につけていったのかについて、お話しさせていただきます。

1975年、僕が生まれた当時のポーランドは旧ソビエト連邦の影響下にある共産主義の国でした。田舎の小さな村はみんな貧乏で、81年に戒厳令がしかれてからは、食料も配給制となり、つねに空腹の状態が当たり前でした。

そんな環境で育った僕は「将来、お金持ちになっていい車に乗りたい」とか「広い家に住みたい」「海外旅行がしたい」「南の島へ行ってダイビングがしてみたい」など、たくさんの夢を持っていました（のちにこれらの夢はすべて叶えることができましたが）。

これらを実現させるためには、学力をつけることが必要だと思い、いつもクラスで1、2位をとるように勉学に励みました。

クラスにはライバルの男の子がひとりいて、いつも彼と競っていましたが、いつしかそのバランスが崩れます。彼の父親は海外で働いていたので、世界中の珍しいお菓子やおもちゃなどを送ってくるのです。彼は一躍学校の人気者になりましたが、それだけにとどまらず、物ほしさに集まった子分を従えて、まるでギャングのようにやりたい放題しはじめたのです。

僕や僕の兄弟、いとこたちはなぜか狙われて、10人くらいに追いかけられては、ひどく殴られたこともありました。

日本でもしばし問題になりますが、いじめは悪いことですし、あってはならないことだと思っています。でも僕は、この苦しい体験からいくつかのことを学びました。

ひとつは、痛みやつらい体験に耐えることで、自らを守る術《すべ》を身につけていったことです。最初はやられるだけだったのが、自分が戦わなければ何も変わらないということに気づいたのです。そこで僕は兄と一緒に体を鍛え、いじめっ子たちに対抗する術を身につけました。

そしてもうひとつは、周囲の環境や人をよく観察するようになり、人の関係性が見えるようになったことです。たとえば、僕をいじめていたリーダーとその子分たちとの関係性を見ていて、子分たちは自分の意思ではなく、リーダーに操られているだけだと気づいたのです。

このとき、僕はこうした暴力はいつか終わりがくるはずだと確信しました。

転機は数年後に訪れました。僕は変わらず勉学に励んでいたため成績が良く、気がつくと彼の子分たちが僕に勉強を教わりにきていました。すると、勉強に行き詰まっていたリーダーの彼も、いつの間にか僕のところにくるようになったのです。

暴力に暴力で対抗するのではなく、人が協力し合うことで、価値ある結果を導き出せることに気づいたのです。そしてついには14歳のとき、そのリーダーと協力して論文を書き、コンテストで賞までとりました。

当時、「共産主義はすばらしく、ソ連はドイツを撃退してポーランドを救ってくれた英雄だ」と教育されていましたが、そのときはすでに共産主義は崩壊寸前でした。そこで、そうした教育は嘘っぱちだということを論文にしたのです。実際、ポーランドは1989年に民主化されました。

民主化という劇的な変化により、ポーランドはアメリカや西ヨーロッパのように豊かな国になれると信じていました。

しかし、みんなが想像していた幸せはやってきませんでした。民営化した企業は、海外の企業に次々と買収され、経営効率化の名のもとにたくさんの人が職を失いました。僕の兄たちも仕事を失い、当時まだ稼ぎがない高校生だった僕は、肩身の狭かったことを覚えています。

共産主義の頃のような、みんなが貧乏という時代は終わりました。しかし、資本主義になってからは貧富の差が生まれ、高校まで通えるのは医者や社長の子、つまりお金持ちだけ。相変わらず貧乏だった僕は、大きなコンプレックスを抱えながら高校に通っていたのです。

高校2年のときに、ドイツがポーランド人の季節労働者を受け入れるようになり、僕は高校を休学して、兄と一緒にドイツへ渡りました。工場や農家、建設会社などでさまざまな仕事をしましたが、ドイツが季節労働者を受け入れたのは単に安く労働力を手に入れたかっただけなので、とても過酷な労働環境でした。また、ポーランド人というだけで差別を受け、スーパーマーケットで「あいつは泥棒だ。今、物を盗んだ」などと不当な扱いを受けたこともあります。

母が病気になったこともあり、3カ月で帰国することになりましたが、病床の母は「あなたは勉強が好きなんだから、もっと勉強したらいいじゃない」と背中を押してくれました。僕自身も今の状況から抜け出すには、勉強するしかない――と感じていたので、高校に復学し、大学にも進学しました。

そして再びドイツへ。このときはブルーカラーワーカーとしてではありません。通訳やコーディネーションの仕事をしながら、好きな勉強もたくさんし、楽しい日々を過ごしていました。


しかし、21歳のとき、とてもショックな出来事が起きました。それは、最愛の兄の死です。兄は32歳という若さでこの世を去りました。

兄はポーランドに戻ってきてから職がなく、酒浸りの日々を過ごすようになったあげくに交通事故で亡くなってしまったのです。悲しみはもちろんですが、兄に対して怒りもありました。なんで人生をそんなふうに無駄にしてしまったのかと。

僕は自分をも責めました。「もっと何かしてあげられたんじゃないか」という罪悪感、兄の痛みやつらさに共感できなかったという後悔……。

共産主義の国で生まれ、民主化という大きな時代の波のなかで、「振り回されずどう生きるのか」「自分はどうあるべきか」「自分はどうしていきたいか」など、兄の死をきっかけに、僕はどう生きるのかについて深く考えるようになったのです。このような経験から、僕は心理学を学ぶようになりました。

常識を超える創造力と実行力を！

いかがでしょう？　これが僕が生まれてから20代の頃までに経験したことです。その後3つの大学院で異文化間コミュニケーションを学んで来日し、モルガン・スタンレー、グーグルなどを経て、独立しました。

みなさんは今の日本、そして世界をどう感じていますか？　僕がポーランドで体験してきたような大きな時代の変化、大きな波を感じていますか？

ＡＩ（人工知能）を中心とした「インダストリー４・０（第４次産業革命）」の時代と言われる今、これまで通り安穏とした気持ちでいると、あっという間に時代の波に飲み込まれていってしまいます。

これまで常識とされていたことや、社会の仕組みがガラッと変わってしまう。そんな時代に世界は突入しています。

僕には、その波がはっきりと見えます。
すべてが変わってしまってから気づいても、もう遅いのです。

では、これから求められる生き方とは何でしょう？　大量生産、大量消費など「量」に価値を置いていた時代から、現在は「質」の時代になりました。そしてそう遠くない将来には、また別のものへと価値が移行します。その新しい価値こそが「心」、つまり「メンタル」なのです。

ＡＩを使って仕事が自動化されると、単純労働は必要なくなります。単純労働はブルーカラーだけに限りません。ホワイトカラーも計算をするだけとか、ただ金や株を動かすだけであれば価値はなくなります。

大企業に就職（就社）して給料をもらう。それは一生変わらないなどと考えている人は、おそらく近い将来、過酷な現実に向き合うことになるでしょう。なぜなら、過去の経験やスキルは、これからの時代には役に立たないからです。

自分がどんな価値やアイデアを持ち、何をつくり、何を世のなかにもたらすか。自己確立を前提として「自分はどうあるべきか」「どうしていきたいのか」について明

確な考えを持ち、実行するメンタルを持っているかどうか――。

世のなかに新たな価値をもたらす人を「アルケミスト」と呼んでいます。詳細は5章でご紹介しますが、アルケミストとは、もともとは錬金術師、つまり鉛などを金に変える錬金術を研究する人たちのことをいいます。卑金属である鉛などを貴金属である金に変えるという、常識を超えることを成し遂げるため、世界の真理にまでたどりついて研究した人たちのことです。

小説が好きな方なら、パウロ・コエーリョの有名な小説『アルケミスト』を思い出すかもしれません。主人公である羊飼いの少年がエジプトのピラミッドに向けて旅に出る物語で、少年は旅の途中で起きた出来事や、さまざまな人との出会いを通じて、人生をどう生きるべきかを知っていきます。物語では夢を見ることの大切さや自分の運命を悟って生きる意味、あるいは世界中のすべてはひとつにつながっていることを学ぶことができます。

そして、この原稿を書いている最中に、アルケミストのひとりである登山家、栗城《くりき》史多《のぶかず》さんがエベレストで亡くなりました。

栗城さんは17歳でお母様を亡くし、「自分はこのままでいいのか」「自分は世界に何をもたらしたいのか」を深く考えるようになったと言います。

登山家として山頂を目指しただけでなく、栗城さんがこだわったのが「冒険の共有」です。山頂からインターネットで生中継を行うなどユニークな試みは、一部からは批判の声もあがりましたが、自分がチャレンジする姿をリアルタイムで万人と共有することで、多くの人に感動と勇気を与えてくれました。

実は栗城さんには「プロジェクト・アルケミスト」というアルケミスト育成のプロジェクトに参加していただく予定でした。エベレストの遠征に出発する前の2018年2月にもお会いして、登山家としての生き方について、お話を聞いたばかりでした。そのときの話は「おわりにかえて」に収録しています。

最初に、あなたは自分のメンタルが「強い」と自信を持っていますか？　と聞きましたが、メンタルの強さとは、ふてぶてしさではありません。

時代の変化のなかで、これまでのスキルや学歴、社歴といったものを取り払い、新しいことにチャレンジする力であり、先回りして自ら時代をつくっていく力、そしてそれらを十二分に発揮し、常識を超えた新たな価値を創造する存在――メンタルタフネスがこれからは求められるのです。

そして栗城さんのように好きなことを極める人、好きなことへの思いが強い人こそがメンタルタフネスであり、世界中に影響を与えられるようなアルケミストへとなり得ます。

本書では、変革の時期を迎えている今、どのような人が社会に求められているのか、そしてメンタルタフネスが持つ無限の可能性について、僕がこれまでに体験したことや学んできたことを余すことなくお伝えしていきます。

それはみなさんにとって、新しい生き方の提案になると信じています。

人生が変わるメンタルタフネス
グーグル流「超集中」で常識を超えるパフォーマンスを生み出す方法　目次

第2章　メンタルの可能性を無限にするメンタルタフネス

第3章

柔軟なメンタルをつくる習慣

第4章 メンタルタフネスなチームをつくろう

第5章

直感とインスピレーションが活かされる時代

グラム

第1章

これからの時代は「スキル」より「メンタル」

常識の壁を乗り越え、価値を創造していこう。
でも、行く手にはそれを阻むさまざまな障害がある。
何が問題なのか、その原因は何なのか。
周りと自分を知ることで、見えてくることがある。

グローバル社会に求められる思考のダイバーシティ

「グローバリゼーション」という言葉が最初に使われるようになったのは、ベルリンの壁が崩壊した１９８９年頃です。僕が生まれ育ったポーランドも、この頃に民主化され「資本主義社会」「自由経済社会」の仲間入りを果たしました。

グローバリゼーションは、東西冷戦の終わりを象徴するものであったのと同時に、今後「世界がひとつ」となり「フラット化」していくことです。そしてＥＵに象徴されるように、国境を越えてヒト・モノ・カネ、そして情報が流れ、世界が単一の市場経済に覆われる社会へと変遷していくことでもあります。

日本でも「グローバル社会」という言葉を、当たり前のように耳にするようになりましたが、欧州とは異なり、まだその時代の変化に気づいていない人も多いのではないでしょうか。今後、国内市場が縮小していくなかで、企業は国を越えて市場を獲得していく競争力が求められるようになります。個人もまた、世界的な視野を持ち、国際的な舞台で働く力が、より必要になっていきます。

■多様性よりも共通の価値観が重視されている日本社会

では、「国際的な舞台で活躍する力」とは何でしょう?

グローバル企業の代表格でもあるグーグルが大切にしているのが、ダイバーシティ（多様性）という考え方です。

国籍や民族、宗教など異なる文化を持つ人たちが、お互いに文化的違いや価値を受け入れ、また尊重し合えるような関係性を創造することです。

日本は少子高齢化で就労人口も減少し、今後働き手が不足していくことから、女性や高齢者、外国人を活用したいという考えのもと、政府主導でダイバーシティが推進されています。

つまり、少子化による人手不足への対応と、グローバル化による競争力の強化、という2つの必然性によって、ダイバーシティという概念が日本でも重要視されるようになったわけです。

企業は女性の管理職への登用や、子育てしながら働けるよう就労環境を整えていったり、テレワーク（会社以外の場所で働くこと）の導入を推進していますが、個々のレベルで言えば、ダイバーシティの本質をとらえきれていないように感じます。

とりわけ日本社会は、これまで男性を中心に組織化され、リーダーシップをとってきた経緯があります。現在の企業や組織、政界のトップや官僚などを見ればわかるように、多くは育った環境や卒業した大学も同じような日本人男性です。

つまり、日本は多様性よりも、共通の価値観を持つ〝仲間〟が、社会のなかで重視されてきたわけです。

しかし、こうした同じような価値観を持つ仲間だけで構成された社会や企業は、グローバル社会を生き抜いていくことも、変化の波に気づくことも、乗り越えることもできません。同じ発想、同じ視点のままでは企業成長はおろか、現状を維持することすらできなくなるでしょう。

■「Japan is cheap」―― 下がり続ける日系企業の評価

かつては、アメリカに次ぐ世界第2位の経済大国だった日本ですが、現状はどうでしょう。海外で日系企業は、就職先として人気があまりいいとは言えません。

リクルートワークス研究所の調査（2012年）によると、12カ国の20～30代の大卒者に「どの外資系企業であれば進んで働きたいか」と尋ねたところ、アメリカ系企業58％、ヨーロッパ系企業59％に対して、日系企業と答えた人は31％に過ぎませんでした。

さらに衝撃的な言葉が近頃言われています。

それが「Japan is cheap（日本は安い）」というものです。

アベノミクス政策による円安の影響、つまり単なる為替《かわせ》の問題と指摘する声もありますが、たしかなことは、僕が日本にきた2000年から18年間、物価の変動があまりないということです。

ワンコイン500円で満足のいくランチが食べられるのは喜ばしいことですが、他方で、世界基準に比べた給料の低さが指摘されています。

これでは、優秀なグローバル人材の獲得やダイバーシティの推進、外国人の採用拡大に乗り出したとしても、思うような結果は得られないかもしれません。

グーグルはダイバーシティを重視していると言いましたが、それは就労環境を整えたり、女性の活躍推進という話だけにとどまりません。

ダイバーシティの本質は、「思考のダイバーシティ（diversity of thought）」にあります。

性別や国籍、文化や宗教を超え、さまざまなバックグラウンドを持った多様な人材を受け入れる思考を身につけることです。

日本の企業や日本人が、この思考のダイバーシティをうまく受け入れられていないのは、「忖度《そんたく》」や「暗黙のルール」「阿吽《あうん》の呼吸」といったものが重視されるためです。「言わなくてもわかる」「相手の気持ちを察して行動する」という能力に長《た》けている点は、日本特有の美徳でもあり、決して悪いことではありません。

「イエス」か「ノー」、「白」か「黒」だけではなく、調和を重んじた「真ん中」、つまり中庸という考え方はとてもいいことだと思っています。

僕が生まれたポーランドでは、かなりストレートで攻撃的な発言をする人が多いため、つねに議論をして、自分の意見の正しさを主張します。これは日本の文化とはずいぶん違います。

議論を戦わせるより中庸の考え方のほうが、状況を収められる場合がたくさんあると思いますが、グローバル社会やダイバーシティ社会においては、そうした日本人特有の考え方はなかなか理解されません。

自分の価値観や信念をはっきり伝えるコミュニケーション能力が重要になると同時に、ハイコンテクストからローコンテクストへの橋渡し、つまり抽象的なことを、より具象化させる能力が必要になります。

多様な意見や考え方を持つ働き手の一人ひとりを受容し、尊重する思考のダイバーシティを意識することが重要です。

■異物がイノベーションの核になる

牡蠣《かき》は純粋に育てられると一生牡蠣のままですが、砂などの〃異物〃がなかに混じると……そう、真珠ができます。

社会や組織も同じで、異なるアイデアや視点、才能といった異物が混じり合うことで、これまでにない化学反応を起こす。そんな組織こそがイノベーションにつながり、国際競争を勝ち抜いていく力になるのです。

どんなに頭が良くて優秀な人がそろった組織よりも、これからは〝異物〟が混じった組織こそが勝ち残っていくのです。

しかし、日本には男性の正社員を中心とした、均質な文化がまだまだ根強く残っているのが現実です。その殻を自ら大胆に破らない限り、多様な人材は集まらないし、多様な価値観が社内に広がることもありません。

〝異物〟を受け入れ、また自らが異物となることで、真珠（イノベーション）を生み出すのです。

日本人がイノベーションを起こせない理由

グローバル企業では、実際にどのような働き方が求められているのでしょう。

たとえば、僕が働いていたグーグルでは、非常に高い目標設定と、それを達成することが各メンバーに求められます。

「これをやりましょう」と、経営層がまず大きなミッションを示し、その後の具体的な目標の到達点や詳細な仕事の進め方は、個人やチームに任されます。

それぞれが目標達成に向けてどのように貢献したいのか、あるいは貢献できるのかについては、自分自身で決めていくのです。

日本の古い体質の企業は、どちらかというとトップダウンで「これをやりなさい」と言われたことを、言われた手順に沿って達成することで評価されます。

逆に言われた通りのやり方でなければ、それがどんなに効率的で画期的なものであっても否定されてしまう。

そうした日本の企業では、リーダー（マネージャー）の役割は「管理すること」であり、特に新人は言われた通りに動くことが求められます。意見を言おうものなら、「一人前になってから言え」と言われる風潮すらあるように思います。これでは決してイノベーションは起こりません。

■ダイバーシティに対して未成熟な日本人

日本人は、なかなか思考のダイバーシティを受け入れられていないと先にも言ったのは、こうした否定的な発想にあります。つまり、グローバリゼーションの波に乗れるかどうか、その狭間にある今、僕が思う日本企業が抱える「弱さ」は、仕事環境と個人の意識に原因があるように思います。

ピラミッド型という日本企業の組織のあり方もさることながら、リーダーやメンバー個人が思考のダイバーシティに対して未成熟であるのです。

たとえ新人であっても、良いアイデアや提案があるのなら、自分がどんなに上層部にいても「ぜひとも聞いてみたい」「教えてほしい」という姿勢を持って話を聞くことです。

もしかしたら、とても的はずれなことを言うかもしれません。だからといって、それを否定しないことです。

「現在のプロジェクトを進めるうえで、どこに問題点を感じたのか」

「どうしてそのようなアイデアが生まれたのか」

このように話を突き詰めて聞いていけば、部下の話をベースに新たな手法や革新的なアイデアが生まれるかもしれません。

新しい発想は、つねに柔軟な頭脳からしか生まれません。

果たして、上層部の人たちの頭脳は柔軟と言えるのか？　部下の提案を否定している限り、会社も組織も変化はないものと肝に銘じるべきです。

古い手法や慣例を飛び越えて、目標を達成するための新たな仕組みづくりをする。そうした発想なくしてイノベーションの種は育まれないのですから。

■リーダーの仕事は人材の管理ではなく育成

イノベーションを起こすグローバル企業は、むしろ積極的に聞く姿勢を持っているものです。というのも、リーダーの仕事は、メンバーとのコミュニケーションを図ることであり、人とチームを育成してパフォーマンスを高める仕組みをつくることだからです。

僕がいたモルガン・スタンレーやグーグルでは、週に1度「1対1面談」がありました。

毎回、1時間ぐらいリーダーとメンバーが1対1で面談します。

日本のある企業に、この「1対1面談」を勧めたところ、「部下と2人で1時間も話すなんて間が持たないよ」と、困った顔をされました。

面談の一番の目的は、メンバーの心の内にある考え方や意識をアウトプットさせることにあります。

「今やっているプロジェクトの状況はどうですか」

「この先どう進めようとしていますか」
「何かボトルネックがありますか」
「仕事をしていて楽しいと思う瞬間はいつですか」
など、聞くことはいくらでもあります。

こうした面談は、「聞き取り調査」のように真面目に威圧的に行うものではなく、フランクに笑いながら話すものです。

このフランクに会話をする時間こそが、メンバーが高いパフォーマンスを発揮できる環境に変えるのです。

仕事の結果を出すために、いくら「個々のパフォーマンスが悪いからだ」「とにかく結果を出せ」などとハッパをかけたとしても、その通りになるものではありません。たとえ結果が出ても短期的なものであり、またそれが目標以上の結果になることはありません。

どうすればチームや個々のメンバーがワンステップ上がることができるのか。仕事のやり方そのものに問題があるのか。それとも達成目標を変えるべきなのか……。それらはすべて、リーダーの一存で決めるものではなく、「どうやって変えたらいい？」

「どんな目標設定なら達成可能？」などとメンバーと話し合うことで可能になるのです。

つまり、問題は「個人のパフォーマンスにある」のではなく、「パフォーマンスにつながる学びが足りない」ことにあると、視点を変えることです。

この視点があれば、個人は組織に依存せず、長期にわたって成長し、結果を出し続けることができるのです。

■「他人を巻き込む力」が求められるグーグルの20％ルール

ダイバーシティ社会においては、リーダー自らがその重要性を示し、チーム全体に浸透させていく必要があります。

異なる価値観の人たちが集まる場は、ときとして摩擦や衝突を招きます。そのため、グーグルではプロジェクトの初期段階でチームをつくり、チームで動くことをとても重視しています。

グローバル企業はとかく個人主義、自己中心的であると思われがちですが、実は違います。もちろん、個人の意見や行動は尊重されますが、プロジェクトが大きくなればなるほど、チームでなければ目標を達成することはできません。

そのために「いかに周囲を巻き込んでいけるのか」といった個人の素養がリーダーの能力として評価されます。

たとえば僕の会社プロノイア・グループでは「ペア制度」を実施しています。2人で1組となり目標を達成するもので、評価する際も、個人ではなくプロジェクトを評価します。責任も2人で持つことになるので、建設的な関係を積極的につくるようになりますし、当然1人だけがサボるということもありません。

またグーグルには「20％ルール」というのがあります。

これは、「勤務時間のうち20％は、自分がやりたい企画を実現するために使う」というものです。

通常の業務は80％の勤務時間のなかできちんとこなしつつ、残り20％は会社から管理されずに「好きなこと」を研究したり、企画することができるというものです。

20％ルールによって、1人のアイデアがプロジェクトとして稼働する段階に入ると、チームが編成されます。

リーダーはアイデアを出した本人がなり、メンバーは、そのプロジェクトに興味を持った人たちで編成されます。

　このとき、リーダーはいかにこの企画が面白いのか、社会貢献度が高いのかなどをアピールする力が必要ですし、またメンバーもそのプロジェクトに自分がどのように貢献できるのかというアイデアが求められます。

　このようなチームがいくつもつくられていくわけですから、誰もがリーダーとなり、メンバーとなって、業務を遂行する環境がつくられていきます。

　この20％ルールによって、Gmailやグーグルニュース、グーグルアドセンス（連動型広告配信サービス）、グーグルマップなど、さまざまなサービスが生まれていきました。

　20％ルールによって、個々が斬新なアイデアやイノベーションの種をつくりつつも、製品化・サービス化にあたっては、チーム力が大きなカギとなるわけです。

変化を嫌い創造意欲に欠ける日本社会

日本にはベンチャー企業が少ないと言われています。

2017年3月に卒業予定の大学1、2年生を対象とした「就職したい企業・業種ランキング」によると、1位は「地方公務員」、2位は「国家公務員」と公務員です。次いでメガバンクや日本郵便、大手メーカーが上位を占めています。

大卒者が就職先に求めるのは、「安定」や「安心」であり、大手企業の名刺や肩書などのステータスです。

いったん入ってしまえば、よほど大きな問題を起こさない限り、約40年間の雇用が保障されますから、ローリスク・ハイリターンの環境を捨ててまで、ベンチャーに挑もうという人は少ないのかもしれません。

僕は日本の若者たちに接する機会がありますが、それにしても彼らから、社会に出て何かを成し遂げたい、仕事を通じてこんな世のなかにしたいといったアンビション（野心や大志）が、今ひとつ感じられないのです。

■アメリカのベンチャー企業の企業価値は65兆円！

ソフトバンクや楽天もかつてはベンチャー企業でした。最近ではフリマアプリ「メルカリ」などのほか、ユニークなベンチャー企業は日本にもたくさんあります。しかし、世界と比較すれば、ほんの少数に過ぎません。

アメリカ・バブソン大学やイギリス・ロンドン大学ビジネススクールの研究者らで組織されるベンチャービジネスの国際調査機関「GEM（グローバル・アントレプレナーシップ・モニター）」が行った「起業活動率」調査によると、日本は69カ国中なんと68位という結果になりました。この調査は1999年から実施されていますが、日本はその間ずっと最低ランクのまま推移しています。

また、同調査では、日本の起業家予備軍の55％が「失敗が怖い」と述べていて、これは調査参加国中2番目の多さでした。

現在、世界では、ドローンやＡＩ、再生可能エネルギーに関する新技術や、シェアリングエコノミーといった新しい文化の後押しを受けて、さまざまなベンチャー企業が生まれています。

アメリカでは、非上場にもかかわらず10億ドル（約１２００億円）以上の企業価値を持つベンチャー企業が２００社近くあります。そうしたベンチャー企業全体の企業価値の総額は65兆円以上とされています。

ベンチャー企業は今まで存在しなかった価値を生み出す企業で、成功すればとてつもなく大きくなる可能性を秘めています。

このまま日本企業の新陳代謝が進まなければ、日本経済全体が沈滞化していくことは明らかです。

■ベンチャーを目指す若者に冷たい日本社会の壁を越える！

日本にベンチャー企業が少ない原因は、若者たちの安定・安心志向だけではありません。ベンチャー志向に対して、社会があまり寛容ではないためです。

たとえばアメリカではベンチャーに対する投資は年間3兆円近く行われています。それに対して日本は1000億円程度です。

2015年に安倍晋三首相がアメリカのシリコンバレーを訪れ、フェイスブック、テスラ・モーターズのCEOをはじめ、現地のベンチャー経営者や投資家などと積極的にミーティングを持ち、スタンフォード大学では、「シリコンバレーと日本の架け橋プロジェクト」を発表しました。

しかし、そういった試みもうまく機能していません。

ベンチャー支援を行ういわゆる「エンジェル」は、日本においては長い時間をかけて作成された完璧な事業計画書と企画書でないと取り合ってもらえず、また銀行に資金調達に行っても、「いや〜、担保がないと」と断られる。つまり、若者だけではなく、社会全体がリスクを怖がっているのです。

慣例や常識の壁を破り、何を味方につけて巻き込んでいくか。そのアイデアと行動力がなければ、日本でベンチャー企業を成功させるのはなかなか難しいのです。

「こんなことをしてみたい」「世のなかの問題をこんなふうに解決したい」など、自分のアイデアをインターネット上に公開し、「そのためには○○円の資金が必要です」

と訴え、不特定多数の人々から資金を調達するクラウドファンディングが日本でも広がってきています。

クラウドファンディングは２０００年にアメリカではじまり、日本では２０１１年の東日本大震災以降、寄付型のプロジェクトによって注目を集め、個人による少額の支援が認知され、ビジネスにも活用されるようになってきました。

２０１６年には劇場アニメ『この世界の片隅に』が、制作資金を募集するためにクラウドファンディングを利用し、４０００万円近くを集めました。映画は大ヒットし、興行収入は25億円を突破しました。

世界規模で見ると、クラウドファンディングの市場規模は4兆円が見込まれているのに対して、日本では約４００億円と規模が小さく、まだまだ試行段階ではありますが、起業における新たな資金調達のかたちとして注目されています。

資金調達という壁を取り払ってくれるクラウドファンディングによって、すばらしいアイデアを持ち、起業を目指す日本の若者たちが増えてくれることを心から望んでいます。現在こそ、アイデアをかたちにする時代でもあるからです。

好奇心がメンタルを強くする

僕は好奇心のかたまりで、興味があることにはどんどん首を突っ込みたくなり、わからないことがあれば、とことん追求します。

好奇心というのは、すべての行動の原動力となります。

たとえリスクがあったとしても、「その先に何があるんだろう？」「きっと、すばらしい世界が広がっているに違いない」と、突破するパワーと集中力を生み出します。

誰でも子どもの頃は知らないことだらけで、毎日のように新しい発見があります。たとえば近くの公園に行くだけで、冒険気分を味わうことができました。でも、成長するにつれて周りの環境にも慣れ、次第に好奇心は薄れていきます。何をやっても新鮮さを味わうことができず、退屈だと感じるようになります。そして大人になると、好奇心はすっかり萎《しぼ》んでしまう人が多いのです。

そんななかで、好奇心を強く保つことができる人が、成功者となり何かを成し遂げられる人になります。

「私には特別な才能などない。ただ、ものすごく好奇心が強いだけだ」

これは、物理学者アルベルト・アインシュタインの言葉です。彼は、知りたい・学びたいという好奇心を持ち、根気強く研究を続けてきたからこそ相対性理論を導き出すことができたのです。

■日本の若者の好奇心はスウェーデンの60代と同レベル⁉

先進35カ国を対象とした、OECD（経済協力開発機構）の調査によると、「日本の成人は他国と比べて知的好奇心が低い」という残念な結果となりました。

たとえば、「私は新しいことを学ぶのが好きだ」というに設問に対し、「とてもよく当てはまる」か「よく当てはまる」と回答した日本人は43％にとどまりました。この数字は、アメリカ人の81%とは大きな開きがあります。

さらに衝撃なのは、「日本の20代の好奇心は、スウェーデンの65歳とほぼ同じ」ということです。

イノベーションが起こせない、ベンチャー企業が少ない日本の現状は、こうした好奇心の低さも影響しているのではないかという気がします。


一方で、OECDでは成人の学力についても調べていて、日本は平均点がトップという結果になりました。正確には、「国際成人力調査（PIAAC）」といい、24の国と地域で16〜65歳を対象に「読解力」「数的思考力」「ITを活用した問題解決能力」などを調査したもので、いずれも日本は1位でした。これは「日本の教育水準の高さが証明された」とメディアで報道され、賞賛されました。

しかし、それを喜んでばかりはいられないように思います。こうした学力や知識の多くは10代の頃に学んだことの蓄積に過ぎません。

成人を過ぎたあと、新たに学ぶことに対しては先の通り日本人は積極的とは言えず、生涯にわたって「学ぼう」「新しい知識を吸収しよう」という好奇心が低いのです。

成人の知的好奇心と数的思考力

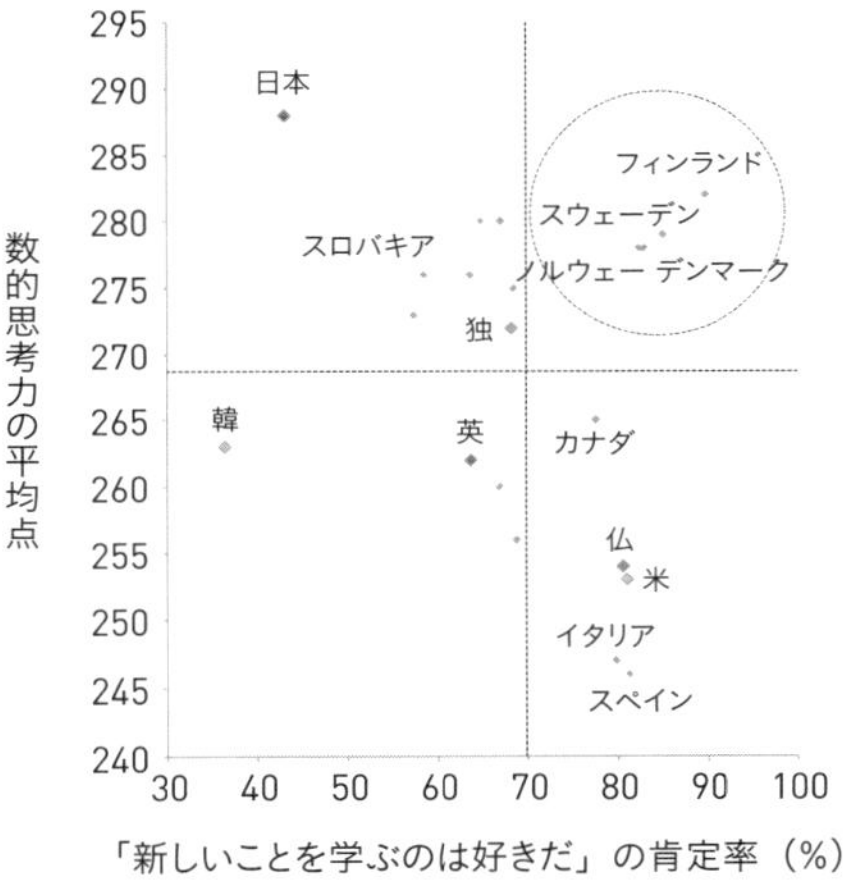

＊16～65歳の回答。点線は、21カ国の平均値である。
＊横軸は、「とても当てはまる」＋「当てはまる」の比率。
＊OECD『PIAAC 2012』。
＊舞田敏彦「日本人の知的好奇心は20歳ですでに老いている」『ニューズウィーク日本版』（2016年2月2日号）より転載

これはおそらく、受験戦争という過酷な学習環境を経験してきたことで、学ぶことを「苦行」のように感じてしまっているからかもしれません。

アインシュタインの言葉にもあったように、彼が相対性理論を完成させたのは、決して頭が良かったからだけではなく、まだ見ぬ新たな法則を見つけ出したい、知りたいという好奇心があったからです。

イノベーションのような不確実なもの、リスクを伴うものは、勉強ができるだけでは突破できないことがあります。学力が高く、頭が良いから成功するのではなく、リスクを厭《いと》わず、高い目標を目指して果敢にチャレンジするメンタルなくしては、成功を勝ち取ることも、何かを成すこともできません。そのためにも、日本人に失われた好奇心を呼び覚ますことからはじめるべきではないでしょうか。

■「やりたくないこと」を続けているから好奇心が奪われる

あるセミナーでこの好奇心の話をしたところ、50代くらいの男性から、「ピョートルさん、好奇心を持つにはどうすればいいでしょう？」と質問されました。

大人になって好奇心が削られていくのは、社会の常識やルールに縛られすぎているからです。

「上司の意見に逆らってはいけない」「相手の言うことに疑問を感じても、口出ししてはいけない」「言われたことは、言われた通りにやらなければならない」などなど、「こうあるべきだ」「大人はそうするべきだ」という考えを優先していると、いつの間にか自分の意見を抑え、相手のことを優先するクセがついてしまいます。

また、「やりたいこと」ではなく「やりたくないこと」を我慢して続けることで、

好奇心を抑制するプログラムが脳内に構築されてしまうのです。

「やりたくないこと」を「やりたいこと」に変える。これは自分次第、自分のアイデア次第です。自分が楽しめる状況は、柔軟な発想のもとにしか生まれません。

もし、どうしても楽しめない、つらい、シンドいと思うのであれば、そこは自分の居場所ではないのかもしれません。新しい場所を探すという選択もあると思います。

とにかくチャレンジすることです。

今までやったことがないことで、ひとつくらいはチャレンジしてみたいものはありませんか？　別に大きなことでなくてもいいのです。「絵を描きたい」とか「山登りがしたい」など、気になったことなら何でもいいと思います。

肝心なのは、その一歩を踏み出すことができるかどうかです。

また、いつもと行動パターンを変えてみることで、新たな発見が得られることもよくあります。

毎日の通勤では、ひとつ手前の駅で降りて歩いてみるなど、つねに変化を取り入れていくことです。電車のなかでスマートフォンのゲームをしている人をよく見かけますが、スマートフォンを持たずに1日過ごしてみるのもいいかもしれません。

そして、睡眠や休息はとても大事です。

仕事に追われて日常的にストレスを抱えていたり、睡眠不足や体調不良だと、脳の活動が停止状態となってしまうため、周囲に対する関心が薄れたり、ネガティブな感情ばかりが湧き上がってきてしまいます。これでは好奇心なんて、湧くはずがありません。

そして、日常のなかで観察力を高める。町中にあるポスターや写真、絵などいろいろなものに関心を持って見る。「何を、どういうふうに描いたんだろう」など、細かく観察してみましょう。

心をリラックスさせて自分と周りを観察することは、あとで紹介するマインドフルネスにもつながります。

心の境界線を越えられるか!?

人間関係において、「私はこういう人間だから」と、境界線をつくってしまっている人がいます。「好き・嫌い」や「得意・苦手」「できる・できない」を最初から決めつけてしまっているのです。そういう人に好奇心を持ちなさいと言ってもなかなか難しいものです。

この境界線を「あえて越えていこう」とするメンタルがなければ、新しい発見もないし、人としての成長もありません。

たとえば、「自分は内向的で人と接するのが苦手」と感じている人も多いかと思います。あまり人と接触せずに、パソコンやスマホを使って一人で過ごすほうが心地よいと感じているような人です。

そういう人は、平気で人を傷つけるようなことを言ってしまうことがあります。

人とたくさん接していれば、普段からフィードバックを受ける機会も多く、自分がどういう言い方をしたら相手がどう反応するかがだいたいわかるものです。こう言えば笑うとか、こんな言い方をすると傷つくというように、コミュニケーションは経験のなかでしか学べません。

僕の知り合いにも、内向的でコミュニケーションが苦手な人がいました。壁をつくって積極的に人と話もしない。でもその人がある日、「ピョートルさん、疲れていませんか?」と、チョコレートをポンと手渡してくれたのです。僕はすごく感動しました。

些細《ささい》なことですが、人は行動してみてはじめて気がつくことは多いものです。それがわかると、人は意外と変われるのです。

それをしないのは、「できない」と思っている自分の心があるからです。

でも、その決めつけこそが、自分の可能性を閉ざしてしまうのだと知ってください。

■「デジタルノマド」という新しい働き方

日本ではまだあまり浸透していませんが、「デジタルノマド」が世界では浸透しつつあります。要は、パソコン1台あればどこにいてもリモート（遠隔）で仕事ができるというものです。たとえば海外のリゾート地など、自分の好きな場所で暮らしながら、日本で仕事をすることです。

海外では大きなムーブメントとなっていて、世界を回りながら仕事をしている人も少なくありません。

では、なぜ日本でデジタルノマドがあまり浸透しないのでしょう。語学力の問題もあるかもしれませんが、一番の理由は「帰属意識」にあると僕は思っています。

大企業のきれいなオフィスで、同じ格好をしたサラリーマンが机を並べて仕事をする。そんな環境に安心感を持っているのです。

一度就社してしまえば終身雇用で、社会保障や組織保障、家族保障、個人保障……定年退職するまですべてが保障されています。学生たちは日々、その保障を得るために勉強していい会社に入ろうと努力します。そして会社組織に入ったら、その保障のために働く……。

本来、働くというのは自己実現のためであったり、社会を変えていくことだったり、インパクトある価値を世のなかに与えるべきものだと思います。

何のために働き、何のために生きるのか。その答えが曖昧《あいまい》なままで、その結果、社会や会社の単なる歯車として無為に過ごしてしまっているからではないでしょうか。

戦後の日本は、アメリカとともに経済大国となってどんどん豊かになっていきました。アメリカ的な考え方、アメリカ的な資本主義こそが正しく、その流れに上手に乗ることができた人が成功者となりました。

半面、戦後の再教育によって、本来日本人が持っていた文化的な良さが失われたのではないでしょうか。

言い換えれば、大きく立派に木が育っても、根っこがしっかり張っていない。表面に見える木々は経済で、根っこは日本が昔から大事にしてきた文化です。

こうした歴史的背景が、個人の尊厳を奪い、会社への帰属意識を必要以上に高めてしまったのではないかと思います。

デジタルノマドに話を戻すと、日本でも働き方改革というキャッチフレーズがしばしば言われていますが、実体が伴っているとは言えません。日本の歴史的背景を受け入れつつも、変化の波に対応しなければ、どんな巨木であってもいつか枯れるのは必然なのです。

■企業間の国境も越えて、新たな価値を生み出す

近年、境界線ならぬ「国境線」を越えない日本人の内向きさも問題になっています。OECDの調査によると、海外に留学する日本人学生は、加盟国中最下位という結果になりました。国際舞台で活躍する「グローバル人材」が企業で求められているなか、この数字には不安を感じざるを得ません。

実際、商社に限らずメーカーや金融などは、海外要員としての人材を求めているものの、「海外で働きたくない」と考えている学生たちが多く、採用担当者を悩ませているそうです。

語学力への不安もさることながら、生活面での不安、外国人との交流面での不安を

抱き、その結果「自分に自信がない」と感じているそうです。

つまりは、「私には無理」という言葉を呪文のように唱え、境界線（国境線）を越えることを拒否してしまっているのです。

グーグルの20％ルールについて話をしましたが、グーグルではプロジェクトによって絶えずチームやメンバーが入れ替わります。「自分はA部署の人間だから、B部署のメンバーの仕事は手伝えない」なんて境界線をつくったら、仕事にならないどころか、自己研鑽《けんさん》の機会喪失であり、また自分の仕事の結果も出なくなるということは社員の誰もが知っています。

個人のことに限らず、今、世界の多くの企業で、「オープンイノベーション」という、企業間の境界線を越え、新たな価値を生み出そうとする考えが広がりを見せつつあります。

つまり、自社と外部のアイデアを組み合わせて、新たな価値を創造するというものです。

オープンイノベーションは企業間の境界線を越えてコラボレーションしていこうと

いう取り組みで、企業同士、企業と大学の研究所、あるいは自由参加型のコンソーシアムなどさまざまな形態があります。

すでに、アメリカのP&Gやオランダのフィリップス、韓国のサムスンなどは、全社的にオープンイノベーションを取り入れています。

たとえばP&Gでは、「50%のイノベーションは社外から得る」という目標を掲げ、イノベーションパートナーは研究機関やサプライヤー、小売取引先、製造委託会社など、競合会社も含めて多岐にわたっています。

またその内容も、製品の技術や知識に限らず、パッケージやマーケティング手法までと多彩で、会社が求めている技術やニーズをネット上で公開し、グローバルにパートナーを公募しています。

洗剤と香料成分を水溶性のフィルム状カプセルに入れた、従来にない形の衣料用洗剤は、こうしたオープンイノベーションの結果生まれた製品です。

■東京は世界一のイノベーションセンター！

日本がオープンイノベーションに対して、まったく未熟だというわけではありません。たとえば、東京・渋谷の道玄坂に「FabCafe Tokyo」という一風変わったカフェがあります。

ここには、3Dプリンターやレーザーカッターが置かれていて、お客さんはそれらを使って自分だけのオリジナルアイテムをつくることができます。個人が趣味や実用で活用するほか、企業の研究開発部門の担当者が、社外ラボラトリーのように活用し、気軽にプロトタイピングしていることもあります。

3Dプリンターを使ったことがない人も多いと思いますが、僕が行ったときには、一人の女性が会社のイベント用に、会社のロゴ型クッキーの金型をつくっていました。

このカフェをプロデュースしたのは、林千晶さんというロフトワークの代表で、かつてMITメディアラボ（アメリカ・マサチューセッツ工科大学のIoT教育・研究機関）で所長の伊藤穰一さんの補佐をしていた女性です。

「FabCafe Tokyo」内に、ロフトワークのオフィスもあって、つくりたいものがある人は誰でも行けるし、コミュニティに入ることもできます。会社と社会が完全につながっている好例です。

東京というところは、世界に類を見ないイノベーションセンターです。

アメリカの場合、金融と言えばウォール街に代表されるニューヨークですし、ＩＴ系企業はシリコンバレーのあるサンフランシスコと、都市の機能は分散しています。

でも、東京にはビジネス街も金融街も官公庁もそろっています。優秀で研究に長けた有名な大学もありますし、美術館などのアート、最新のファッション、大手企業やベンチャー企業……すべてが東京に集約されています。こんな都市はほかにはありません。

これだけいろいろそろっているのに、なんでもっとコラボレーションしていかないのか？　オープンイノベーションの発想を取り入れていかないのか？　逆に不思議に思うくらいです。もっと東京のアドバンテージに気づいて、活かしてほしいと思っています。

■境界線を打ち破るために必要なこと

しかし、日本は大企業と言われる企業こそ組織の壁が高く、社会的風土によってなかなかオープンイノベーションが成功しないのが現状です。

ある大企業では「オープンイノベーションセンター」を設置して、かっこいいオフィスまでつくりました。ところが、頑丈なセキュリティに守られていて……。

つまり、普段はカギがかけられているのです。イベント開催時にはオープンになるのに、それ以外はずっとクローズという、非常に矛盾したスペースになっています。明らかに、世のなかの風潮に合わせて設置したものの、会社の風土に合わないために、結局は有効利用ができないという例です。

オープンイノベーションの妨げとなっているのは、企業の古い体質と、そこで働く人たちの思考だと思っています。

外部の企業や人々とコラボレーションの必要があるにもかかわらず、特に大企業の人々はベンチャー的な取り組みに偏見があるのではないでしょうか。なかには「ベンチャー企業で働いているのは、大企業に入れなかった人」と思っている人すらいます。

さらに、内心ではベンチャー企業が成功したら、自分たちの仕事を奪われる。だからできれば失敗してほしいと思う向きもあり、ベンチャー企業を支援したり協働する気持ちが少ないのです。

しかし、ＩＣＴ（情報通信技術）の急速な発展やグローバル競争の激化に伴い、企業の研究開発はかつてないほどのスピード感が求められています。

ひと昔前であれば、アイデアを実現するための基礎研究から製品開発まで、すべて自社で行う〝自前主義〟が一般的でしたが、**ニーズの多様化や製品のライフサイクルの短期化などにより、かつての自前主義では通用しなくなってきています。**

日本企業とそこで働く人々が内向きな思考から、オープンイノベーションの発想に転換し、実践していかなければなりません。そのために必要なメンタルのあり方を、次章から紹介していきましょう。

第 2 章

メンタルの可能性を無限にするメンタルタフネス

「超集中」（フロー状態）とは、
ひらめき、アイデアを生み出す状態。
これが常識や次元を超えた視点、選択肢が得られる状態。
自分が想像する以上の可能性を発見し、
それを実現するメンタルタフネスとは。

「超集中」（フロー）を生み出すマインドフルネス

マインドフルネスという言葉は、日本のビジネス界でもだいぶ市民権を得てきたように思います。僕のこれまでの著書のなかでも触れていますが、ここで改めてご紹介しておきましょう。

マインドフルネスとは、仏教の「正念《しょうねん》（サティ）」に由来するもので、禅や瞑想に似ています。正念は邪念に心を乱されず、正しい思い（念）を持ち続けることで、「こうしたい」「こうありたい」というひとつのことを成就するものです。

こうした仏教の考え方をベースにしつつも、修行など宗教的な要素を取り除き、集中力と高いパフォーマンスを生み出すためのメソッドとして、ビジネスの場に取り入れられているのがマインドフルネスです。

マインドフルネスはグーグルをはじめ、インテルやアップル、フォードなどアメリ力の名だたる企業で取り入れられ、いわば逆輸入されるかたちで日本でも広く知られるようになってきました。

ビジネスにおけるマインドフルネスの効果は以下の通りです。

①集中力を高める
②ストレスや不安を解消する
③意思決定のスピードが速くなる
④安定した高いパフォーマンスを発揮できる
⑤アイデアやインスピレーションを生む

■「超集中」(フロー)のなかに無限の可能性がある

僕がマインドフルネスに興味を持ったのは、「安定した高いパフォーマンスを発揮できる」ことと、「アイデアやインスピレーションを生む」という効果にありますが、安定した高いパフォーマンスを発揮するには、集中力が必要です。ストレスや不安を抱えたままでは集中力は高まりません。さらに、スピード化の時代ですから、意思決定のスピードも求められます。

つまり、マインドフルネスによって、高いパフォーマンスを生み、行動するためのすべてが得られるのです。

たとえば、ゴール前でパスを受けたサッカー選手がシュートを決めるには、スキルの高さとフィジカルの強さ、そしてタフなメンタルが必要です。彼らは強いプレッシャーやストレスのなかで集中力を発揮して、0コンマ何秒で状況判断をし、最高のパフォーマンスを生み出します。

これが「超集中」状態です。「フロー」、もしくは「ゾーン」などとも呼ばれますが、超一流の選手たちは、このような状態を経験しています。

マインドフルネスとは、五感すべてが研ぎ澄まされた「超集中」をつくり、自分の能力をも超えたパフォーマンスを発揮できる状態なのです。

■ロジックよりもインスピレーションで動く

「超集中」（フロー）というのは、いわば無意識の状態です。つまり、ロジックや理論的な思考回路ではなく、直感的に物事をとらえ、最適解を得ることです。

フロー状態の研究者であるアメリカ・ハーバード大学医学部のハーバート・ベンソン教授は、「シータ波」「ベータ波」「アルファ波」という３つの脳波の働きについて以下のように分析しています。

（1）シータ波によって外部から入ってきた情報を処理し、（2）ベータ波がその情報を分析します。そして（3）アルファ波が分析した情報をもとに、行動に移す準備をします。

ところが、フロー状態では（2）のベータ波が登場しません。外部から得た情報を分析せず、細部を見るロジカルさよりも直感やインスピレーションを優先してアウトプットすることになります。それがつまり、常識を超えた発想を生むわけです。

こんな話をすると、何か特別な能力のように思われるかもしれませんが、実はみなさんも気づかないうちに「超集中」を経験したことがあるはずです。何か好きなことに熱中しているときや目の前の作業や活動に集中しているとき、時間を忘れてのめり込んでしまう。ふと時計を見たら2時間も3時間も過ぎていた。そんな経験も超集中状態と言えます。

超集中状態のときは、長時間集中していたにもかかわらず、疲労感やストレスよりもむしろ、充実感や幸福感に包まれるはずです。

当然ながら仕事の完成度も高くなります。

こうした超集中をつくり出すために有効なのが、マインドフルネスなのです。

■今この瞬間に意識を向けて集中力を高める

マインドフルネスの具体的な手法はあとで紹介しますが、呼吸を整えて雑念を捨て、「今この瞬間に意識を向ける」ことが基本となります。

仕事はひとつのことだけをやればよいのではなく、つねにマルチタスクで進行します。Aのプロジェクトのことを考えつつ、Bのプロジェクトも進め、さらにCのプロジェクトを新たに立ち上げる準備をするなど、複数の事柄が絡み合っています。すべてがスムーズで問題なく進行していればよいのですが、それぞれに突破すべき課題や難局が待ち構えています。そんな複数の困難な状況に直面すると、集中力を失いがちです。

これは、脳の扁桃体《へんとうたい》という情動の中枢部分が、危険信号を発するためです。扁桃体は原始の記憶が残っている脳と言われ、天敵などの危険に遭遇したときに激しく反応します。身がすくんだり冷や汗が出るといった恐怖反応や、パニック状態に陥るのは、この扁桃体の働きにあります。

突然の危険に遭遇した際、身を守るうえで必要な扁桃体ですが、ビジネス上では、仕事のパフォーマンスを下げることにつながります。過去に犯した仕事上の失敗や、現在進めているプロジェクトに不必要な心配など、マイナスの感情に支配されていてはパフォーマンスが上がるはずはありません。

そこで必要になってくるのが、過去でも未来でもなく「今この瞬間に意識を向ける」ことです。

今に意識を向けて現実をあるがままに受け入れることができれば、それだけで仕事に集中してパフォーマンスを維持することが可能になります。そこで欧米の企業は、社員育成のためにマインドフルネスを取り入れはじめたわけです。

■マインドフルネスによってもたらされる脳の2つの変化

マインドフルネスは210の研究と、延べ1万2000以上のデータを対象にメタ解析がされ、先の①〜④の効果について、エビデンスも示されています。

研究者の一人であるハーバード大学のサラ・ラザー准教授は、マインドフルネスが脳に与える変化を研究し、16人の被験者に対して8週間の調査を行ったところ、脳に2つの変化があったことを発見しています。

ひとつ目は、海馬《かいば》が5％増加したことです。海馬は記憶を司る脳の部位ですが、ストレスホルモンが脳に溢れると海馬の神経細胞が蝕《むしば》まれて萎縮し、うつ病の原因になるとされています。

マインドフルネスによって海馬が増えるということは、ストレスに対する耐性ができるということです。

２つ目は、扁桃体が５％減少するということです。先にも述べたいわゆる原始的脳と言われる部分で、その扁桃体が減少するということは、ストレスなどに対する過剰な反応が抑えられるということです。

そして⑤のアイデアやひらめきは、ストレスを抱えている状態で得られることはありません。よりリラックスした状態をつくり出すためにも、マインドフルネスが必要とされるのです。

ここまでさまざまなマインドフルネスの効果を紹介しましたが、僕が思うマインドフルネスとは、**自分を見つめ直すことで自分との絆を深め、リラックスすることで、次元を超えた視点を得られるものです。**

つまり、自分の心を解放し、自分の可能性を存分に広げる方法なのです。

グーグルで取り入れたマインドフルネス

では、グーグルではマインドフルネスはどのように活用されているのでしょう。

2006年頃、チャディー・メン・タン（元グーグルフェローで現在は「SIYLI」会長）によって、ヨガの精神を取り入れた社員向けプログラム「ヨグラー」がスタートしました。そして、リーダーシップや集中力を高めるための「SIY（Search Inside Yourself＝己の内を探れ）」というマインドフルネスを取り入れた研修プログラムを開発しました。

お気づきかもしれませんが、インターネットのサーチエンジン企業としてスタートしたグーグルのミッションは、「世界中の情報を整理し、世界中の人々がアクセスできて使えるようにすること」にあります。SIYは、自分自身の内面にアクセスして情報を探り、整理するというシャレをきかせたネーミングになっています。

基本的な研修プログラムは、２日間の集中研修に加え、４～７週間の実践フォローアップがあり、全世界の従業員のうち約1万人が受講しています。また、「gPause」というマインドフルネスのグループが全世界に38あり、約８００人が参加しています。

効果としては、ストレスの軽減、仕事の生産性の向上、感情的になりにくくなる、チームワークの向上などが確認されていて、トラブルに関してもクリエイティブな解決策を導くのに役立っています。

グーグルの社内には瞑想スペースが設けられ、社員の誰もが仕事の合間に瞑想できる環境になっています。

マインドフルネスを取り入れることで、仕事の効率が20％向上したという調査結果もあります。

マインドフルネスは、「今ここで起きていること」をきちんと感じ取り、リラックスしながら幸福感を高めて感情のコントロール力を身につけていくものです。グーグルはこれを実践することで、多くの新しい価値を生み出したと言えます。

■マインドフルネスの4ステップ

マインドフルネスの基本的な方法をお伝えします。

場所を問わずにどこでもできますが、最初はできるだけ周囲の情報を遮断できる静かな場所で行うことをお勧めします。最初は決まった時間に行い、習慣化することを目指すといいでしょう。

①姿勢を正しく整える

椅子に浅く腰かけ、背筋を伸ばします。頭から腰にかけて体の中心に1本筋が通っていることを意識します。ただし、筋肉がこわばっていたり緊張しているとスムーズにできませんので、全身をリラックスさせるよう心がけます。

足も力を入れずに肩幅の広さでゆったりと床に置くイメージです。床に接する足の裏、椅子に接するお尻に意識を向けましょう。

目は開けたままでもよいですが、その場合は2メートルくらい先を見るイメージです。周囲の景色が気になるようなら、目を閉じたほうが集中しやすくなります。

②自分の呼吸に意識を集中する

呼吸は鼻で行います。ゆっくりと鼻から息を吸い、そしてゆっくりと鼻から息を吐き出します。特別な呼吸法は必要ありません。吸うときは「今吸っている」、吐くときは「今吐いている」と心のなかでつぶやいてみましょう。

そして鼻を通る空気、胸やお腹の収縮に意識を向けます。時間を計る必要はありませんが、だいたい1分くらいは呼吸に意識を向け続けます。

すると、だんだん気分が落ち着いてきて、雑念や雑音が和らぎ、少しずつ頭がクリアになってくるのを実感できるはずです。

「呼吸に意識を向ける」ということはとても重要です。

人の脳は集中力を保っているつもりでいても、実際には作業の47％もの時間が、さまざまなノイズによって集中力が乱されているとされます。

仕事に疲れて効率が落ちてきたと感じたときや、「これから集中して取り組もう」というときは呼吸を意識してみましょう。

③雑念を消し自分の感情に意識を向ける

気分が落ち着いてきたら、自分の感情を観察します。

「今自分は何を感じているのか」と、客観的な視点で見つめ直すのです。

怒りや悲しみ、焦りや不安、困惑や緊張などマイナスの感情。逆に満足感や喜び、期待や楽しみなどプラスの感情、どちらでもかまいません。

プラスの感情であれば、すっと自分のなかに入ってくるものですが、マイナスの感情は、自分ではなかなか受け止めがたいものです。誰かを妬んだり、現在の境遇を恨んだり、嘆いたりというマイナス感情も否定せず、その気持ちを受け入れて認めるだけで、現在抱える「心の問題」の多くは解決できるのです。

マイナス感情を受け入れず、無視し続けると、しこりとなっていつまでも蓄積されていきます。

大事なことは、感じていることを否定しないことです。

良くないパターンとしては、ひとつの負の感情から「昔もこんないやな経験をした」とか「将来、こんないやなことが起こるのではないか」など、連想ゲームのように過

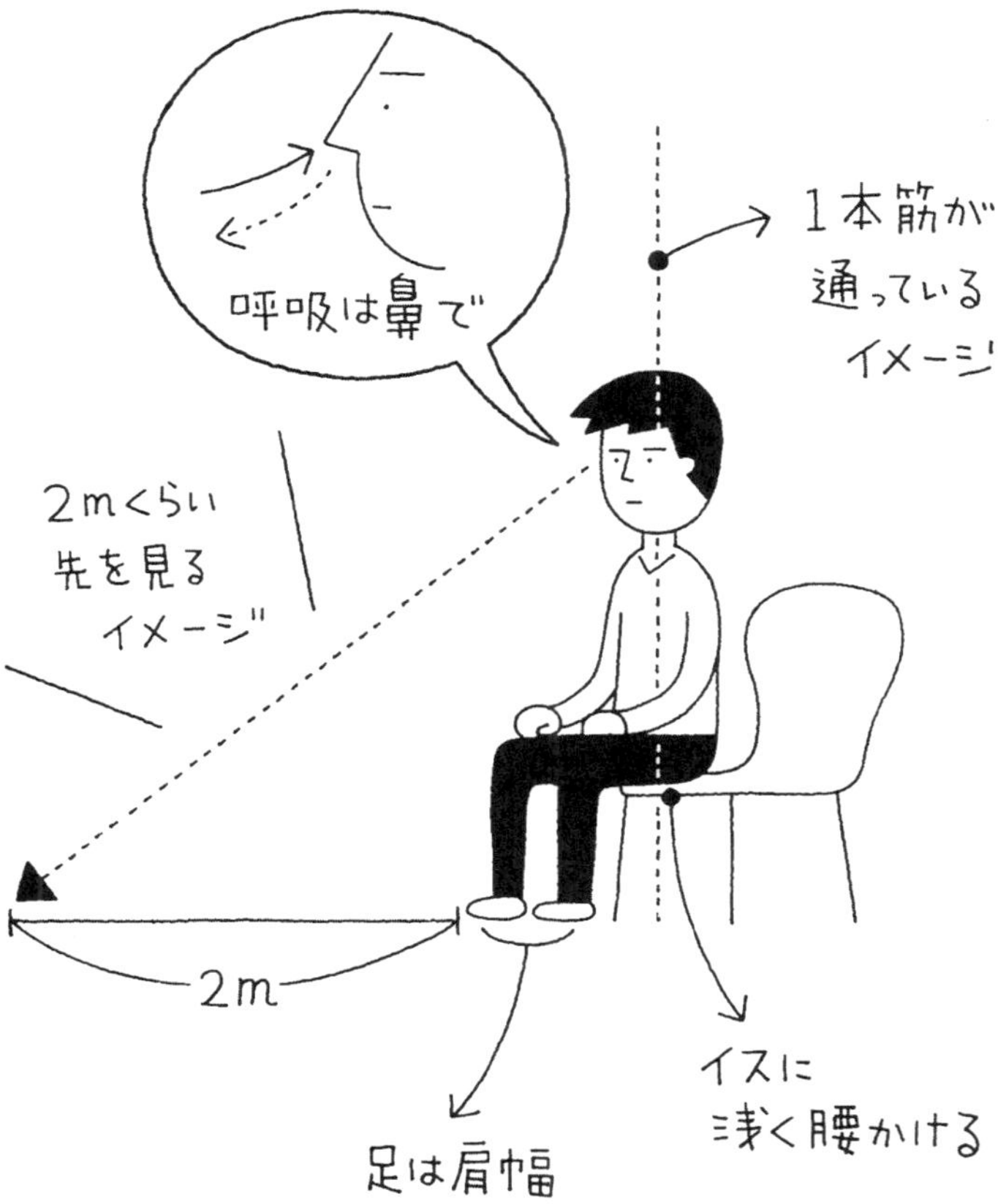
呼吸は鼻で
1本筋が
通っている
イメージ
2mくらい
先を見る
イメージ
2m
足は肩幅
イスに
浅く腰かける

去のいやな出来事や、未来の不安が溢れ出してくるケースです。

「今ここで起きていること」のみに集中しましょう。過去や未来を気にしてはいけません。もし、負の連鎖が頭を支配しそうになったら、②の呼吸に意識を集中するところからやり直してみます。

④自らを客観視して解決へ向けて思考を整える

自分自身の感情と向き合うことができたら、最後は解決策を考えます。

「どうしたら、怒りを解消できるのか」「恨めしいと感じる境遇はどう行動すれば変えられるのか」など、解決に向けた筋道を立てていきます。

感情と向き合い、現在の状況を客観的にとらえることができれば、建設的で前向きな結論も出やすくなります。

自分の感情を客観的にとらえるには、少し高みから自分を見つめ直すイメージです。

幽体離脱して上から自分を眺めている様子を想像してみましょう。「なんで自分はこんなに怒っているのだろう?」「何がそんなに悲しいのだろう?」と、客観視することができれば、反省すべき点や改めるべき点も冷静に見えてくるのです。

■頭をシャットダウンして効率を上げる

マインドフルネスの実践は、長時間使い続けたパソコンやスマートフォンを休ませるのと同じです。複数のソフトやアプリを同時に立ち上げて長時間作業を続けていると、どんなに処理能力が高いパソコンやスマートフォンでも動作が遅くなったり、ときにはフリーズしたりということがあるでしょう。

脳も同じことで、一度に複数のことを処理しようとしたり、過去の出来事や未来のやるべきことにあれこれとらわれたりすると、今やるべき作業に十分なリソースが割り振られず、かえって非効率化してしまうものです。

僕はよく「いつもすごいスピードで作業していて疲れませんか？」と尋ねられます。もちろん、ずっとそれを続けていたら僕だって疲れます。だからこそ、パソコンのタスクを管理して、不要なソフトをシャットダウンするように、脳のタスクも「今やるべきこと」以外はシャットダウンするようにしています。

僕は、先に紹介した方法を少しカスタマイズして行っています。

たとえば、疲れたと感じたときは1分間、パソコンを閉じて、自分の呼吸に集中して座ります。まぶたの筋肉を緩め、目を開けているときには、1点を見つめるのではなく、周辺視でぼやっと全体を見るようにします。

また、アゴと舌を緩めます。ストレスがあると、自然に歯を食いしばったり、舌に力が入っていたりするので、その緊張をほぐすことが大事だと思っています。

たったこれだけですが、その後の作業はグッと集中力が高まります。

僕の場合は「疲れたな」とか「集中して取り組むぞ」、または「気分転換したいな」などと思ったときは、電車に乗っていても歩いていても、気軽に実践しています。

歩きながら行うときは、頭を真っ白にして深呼吸しながら、周辺視でぼんやりと周りをとらえて歩きます。どんなに混雑している道でも誰ともぶつからずに、スッスッと人並みをすり抜けて歩くことができます。これがとても楽しいんですよ。

これは僕のようにずっとトレーニングを積んできたからできることで、初心者のうちは、歩きながら行うのはちょっと難しいでしょう。危ないのでお勧めはしません(笑)。

このように、マインドフルネスを習慣にすればするほど、集中力とリラックスが自

分の思い通りになるのです。

マインドフルネスで気をつけたいのが、それ自体が目的になってしまうことです。マインドフルネスを行うことで、気持ちが落ち着き、なんとも言えない心地良さ、幸福感が得られるものですが、そこに逃げようとしてしまう人も少なくありません。

たとえば、何かトラブルが発生したとき、マインドフルネスだけをしていて、果たして問題は解決するでしょうか？　冷静な判断ができない混乱状態なら、気持ちを落ち着かせるためにもマインドフルネスは有効でしょう。

しかし、動かなければ、問題は解決しません。ただ現実回避をするだけではトラブルの悪化を招くだけだということを忘れないようにしてください。

4つのエネルギーを循環させて、行動するパワーに変える

グーグルではマインドフルネスのほかに、「Managing your energy」という研修も行われています。

「Time Management」（時間管理）ならぬ「Energy Management」（エネルギー管理）というわけですが、生産性の高い仕事をするためには、時間管理をしつつ、スピード感を持って仕事をすることは重要ですし、プライオリティによって仕事を管理することも大切です。

しかし、時間は有限ですし、どんなにプライオリティをつけても膨大な仕事を長時間にわたって取り組むことは、結果的に生産性を下げることにもつながります。

「Managing your energy」は、自らのエネルギー管理をすることで、仕事のパフォーマンスを上げるというものです。

エネルギーには次の４つがあります。

①物理的エネルギー（Physical Energy）

肉体面のエネルギーで、すべての土台となります。睡眠や食事、運動など健康的な肉体を保つことがすべてのエネルギーの基礎となります。

物理的なエネルギーを高めるには、良質な睡眠と栄養価の高い食事、そして運動（行動）が大切です。

ポイントは負荷と回復を意識すること。負荷（運動や仕事）は、たとえば90～120分間集中して行い、必ずインターバルをおいてオフ（回復）を入れます。

自分の体の欲求と、周期的かつ自然なリズムに合致した休息をはさみ、１日をいくつかのグループに分けることを習慣化していきます。

②感情的エネルギー（Emotional Energy）

心の健康を保つことです。ストレスによるネガティブな感情に支配されないためにも、睡眠などで物理的エネルギーを高めたうえで、気分転換やストレス解消をして前向きな感情を取り戻すことが大事です。

物理的エネルギーが高い状態で、感情的エネルギーがポジティブであれば、活気や自信が高まります。しかし、ネガティブだとやたらと腹が立ったり意味もなくイライラしたり、不安や恐怖感が強くなります。

物理的エネルギーがオフ（回復）の状態でも、感情的エネルギーがポジティブであれば、リラックスやくつろぎが得られますが、ネガティブだと落ち込んだり燃え尽きてしまったりと、エネルギーの回復は図れません。

このように、感情的エネルギーがネガティブなほうに針が振れると、燃費の悪い車のように、エネルギーを無駄に消費してしまうことになります。

さらに、感情的エネルギーは周囲にも伝播《でんぱ》しやすいので注意が必要です。たとえば、リーダー的な立場の人がネガティブな感情を持ち続けると、ほかのメンバーにも怒りや防御、恐怖といった感情がまん延してしまい、チーム全体のパフォーマンスを落とすことになってしまいます。

ネガティブな感情が自分の判断や対応、周囲に悪影響を与えるほど強いものであったら、マインドフルネスによってその感情から離れ、冷静な自分を取り戻すことが大切です。物理的エネルギーと同様に、感情的エネルギーを高めるにも、負荷と回復が欠かせないのです。

③心理的エネルギー（Mental Energy）

どんな困難に対しても、「自分ならできる」という信念のエネルギーです。**このエネルギーを高めるには、「自分の限界を超える」という体験をすることも重要です。**「自分はこの程度」「ここまでしかできない」という段階から、もうワンステップ、ツーステップ上を目指してがんばってみることです。その過程では必ず、①②と同様に、負荷と回復を取り入れます。

新しい挑戦や困難に立ち向かう経験なくして、心理的エネルギーを高めることはできません。「やるべきこと」「突破すべきこと」から目をそらさずに果敢にチャレンジすることで、エネルギー量は少しずつ増していくのです。

④精神的エネルギー（Spiritual Energy）

そして３つのエネルギーの上にあるのが、精神的エネルギーです。英語では「Spiritual」

となりますが宗教的な意味ではありません。

「自分は何のために生きているのか」「何を達成したいと思っているのか」という生きる目的に根差すもので、自分を突き動かすエネルギーであり、状況に応じて最善で高度な選択ができる状態にするものです。

精神的エネルギーを高めるには、まず「自分の行動を駆り立てるものは何か」について明確にすることです。

そして、不安を考えずに自分が大事だと思う価値基準に従って、生きる勇気と覚悟を持つことです。

①物理的エネルギー、②感情的エネルギーが健康であることが、③心理的エネルギーを高め、それが充実した先に、④精神的エネルギーが得られます。そしてこれらのエネルギーは一方通行ではなく、循環しています。

その人が使えるエネルギーの量は、物理的エネルギーによって決まりますが、そのエネルギーを使おうというモチベーションは、精神的エネルギーによって決まります。

また精神的エネルギーに溢れている人は、物理的エネルギー、感情的エネルギーも高まっていくというように循環しているのです。

■エネルギーを枯渇させる働き方とは

グーグルジャパンでアドワーズ広告の営業に携わっている、とても優秀な女性がいます。アドワーズ広告というのは、グーグルの検索結果に表示される広告で、中小企業向けに「広告を出しませんか？」と、アウトバウンド営業するのが彼女の仕事でした。その仕事で彼女はなんと、日本だけではなく世界でトップの営業パーソンになりました。

彼女はとにかくすごい。まず営業の仕事をはじめるにあたって「世界一になる」という目標を立てました。そのうえで、ではどうすれば世界一になれるのか、自分で戦略を立てて、１日に何件電話をするとか、効率的に電話の件数を増やすために１件にかける時間をいかに短縮するかなど研究を重ね、その目標を見事に達成したわけです。

ところが……世界一になった彼女に、どう感じたかと聞くと「すごくアンハッピー」だと言うのです。一瞬、僕の聞き間違いかと思いましたが、彼女の表情は決して明るくありません。

その理由を尋ねると「自分の仕事のやり方は自己中心的で、目標を達成するという自分のためだけに動いていた」と言うのです。

つまり彼女は、世界一という偉業を成し遂げましたが、自分だけの利益にとらわれていたため、先ほどのエネルギーがどんどん枯渇していった状態だったのです。

彼女の場合、クライアントの中小企業がアドワーズ広告を出すことで、その企業が大きく成長することを願い、そして自分の働きによってグーグルという会社の評価や利益も上がる。それを目的にし、そんなWin-Winの関係性によって成り立っていることを意識すべきでした。もしそんな気持ちで取り組んでいれば、きっと世界一になるとともに、彼女の幸せ度も高まったはずです。

自分だけの利益にとらわれず、大きな使命感を抱くことができれば、精神のエネルギーを土台から支える力を生み出すことができるのです。

せっかくの意欲や実力も、エネルギーを使う方向性を間違えると、彼女のように大きな目標を達成しても、そこに幸福感や充足感はありません。

しかし、彼女がすばらしいのは、そのことに自ら気がついたということです。

人間関係に好影響と価値をもたらす

「仕事は何のためにするのか」を意識することで、成果のとらえ方は変わってきます。つまり、仕事は「自分のため」だけでなく「他人のため」でもあることを忘れてはならないということです。

また、大きなプロジェクトになればなるほど、スタンドプレーではなくチームプレーが重要になります。つねに人と人とのつながりや人間関係は欠かせず、これは仕事だけに限りません。

ところが、「職場の人間関係がストレス」だと感じている人は案外多いものです。職場の悩みやストレスの原因について、さまざまな調査が行われていますが、そのほとんどが「仕事の質」や「仕事の量」を抑えて、「人間関係」が1位という結果からもわかります。とくに、ダイバーシティという時代においては、価値観がぶつかることも当然のように起こり得ますし、阿吽の呼吸も通用しません。

ダイバーシティは職場の活力の源となる半面、異なる個性を受け入れて人間関係を構築していくために、ストレスの素にもなります。

■メンタルに必要なのは「強さ」ではなく「柔軟さ」

現代社会でメンタルに必要とされるものは何かと言えば、「強さ」よりも「柔軟さ」「しなやかさ」にあります。

目標に向かってとにかく突き進むような強さが求められる時代は終わり、チームで協力しながら柔軟に仕事を進めていく力が必要な時代がきています。

これからの仕事に必要なのは、想定外の出来事や困難など、さまざまな衝撃を跳ね返す硬質な筋肉よりも、衝撃をうまく吸収しながら受け入れるしなやかな筋肉であり、困難さえスポンジのように吸収して、自らの学びに変えていく、そんな柔軟性です。

どんなに心が強くても、それを上回る想定外の困難や強いストレスにさらされると、やがて自分を制御できなくなり、気力や持ち前の不屈の精神は失われてしまいます。

進化論を唱えたダーウィンは「生き残る種は強者ではない。極めて賢い者でもない。変化にもっとも柔軟に対応できる者だ」と述べています。

もちろん、ティラノサウルスのような絶対的な強者が地球を支配した時代もありました。しかし、強者であったがゆえにさまざまな環境の変化に適応できなくなり、やがて滅びることになったとも言えます。そして、弱くとも柔軟に適応してきた種こそが、現在の地球上の支配者となり得たわけです。

今まさに迎えている時代の変化に適応できるかどうか。それは心の柔軟性と臨機応変に対応する能力を持っているかどうかがカギであり、それこそがメンタルタフネスと言えます。

■自己開示することで心の距離が縮まる

コミュニケーションの重要性は先にも述べた通りですが、そもそもチームやメンバーのことをどれだけ知っているのか、普段の何気ないコミュニケーションで自分自身を知ってもらう努力、相手のことを知る努力をしているかどうか、が前提にあります。

以前、聞いてびっくりしたのですが、大手企業に勤めている30代半ばの男性が、もう10年以上も働いているのに、隣に座っている同僚とプライベートな話はほとんどしないと言うのです。

同じチームの人の考え方や価値観、好みがわからない。そんな状態では連帯感やつながりも生まれませんし、むしろ事が起きれば不信感が生まれても仕方ないように思います。

プライベートなことを聞くのは悪いことのように感じている人が多いのでしょう。また自分の情報を明かすことで、「異なるタイプの人」「変わった人」と思われることを極端に恐れている人が多いように思います。

僕の知り合いで、IQもEQもとても高い女性がいて、先日、ある企業の面接を受けたそうです。集団面接で、「お客さまから○○について尋ねられたら、どのように答えますか?」と聞かれて、ほかの人と違う答えを言って少し笑われてしまったと、肩を落としていました。でもよく聞いてみると、彼女の答えは、ほかの人よりもずっと鋭い答えだったので、「僕は、あなたの答えのほうがずっといいと思いますよ」と心から言うと、彼女は少しビックリして、またホッとした表情を見せていました。

彼女のように、「他人と違う答え」を言っただけで劣等感を抱いたり、消極的になってしまうのは、とてももったいない話です。


かくいう僕が、はじめて公の場で自己開示したのは自著『0秒リーダーシップ』（すばる舎）においてでした。本書の「はじめに」で、ポーランド時代の話をしましたが、僕が生まれた当時のポーランドは共産主義国でしたので、そのことに違和感を持つ人もいるかもしれませんし、また共産主義が崩壊したあとのたくさんの苦難など、最初書いたときは正直迷いがありました。

でも、結果的には「本の内容への理解がとても深まった」と言ってくれる人が大勢いました。これは、単に文字を追って本を読むよりも、僕という人間を深く知ってもらったうえで読んでもらえたからだと思います。

つまり、僕が自己開示したことによって、読者との心の距離が近くなったからだと思います。

これは職場でも同じことです。**上司と部下、同僚が記号化された関係性であっては、**

そこから生まれるものも、記号化した結果に過ぎないのではないでしょうか。

「○○というバックグラウンドを持った佐藤さん」や「山田さんという人の魅力」など、それぞれの個性を知り、受け入れたときに心の距離は縮まりますし、こうして生まれた連帯感が、仕事にも好影響を及ぼすのは当然なのです。

■バカにできない「飲みニケーション」の効果

日本には「飲みニケーション」という言葉があるくらいですから、お酒を飲んでほろ酔い加減になれば、少しは自己開示して自分のプライベートについても話せるのではないでしょうか。シャイな日本人には、飲みニケーションは必要な文化だったのかもしれません。

でも、最近は上司とお酒を飲みに行くのをいやがる若者も多いそうで、そもそもお酒を飲まない人も増えたと聞きます。その点で言えば、マインドフルネスは、お酒を飲んだときの感覚にちょっと近いかもしれません。マインドフルネスは心を解放状態にしてくれますので、普段封印しているような自分のプライベートな話も、リラックスした状態で思いがけず心を開いて話せるでしょう。

ちょっとしたミーティングやアイデア会議のときに、みんなでマインドフルネスを実践してみると、ほどよいアイスブレイク（緊張緩和）になりますし、その後の議論も活発になることは間違いありません。

また、お酒と違ってダラダラと飲み続けたり、悪酔いしてくだを巻くようなこともありません（笑）。飲みすぎて二日酔いになる心配も、寝不足になって体調不良になる心配もないので、いいことずくめです。

最初は他人と違う意見を述べたり、自己開示をするのは勇気がいるかもしれませんし、ストレスも感じるかもしれません。でも、「違う」と感じているのは実は本人だけで、発言してみると、意外と共感や親近感を得られることもあります。

何も言わずに押し隠しているほうが、相手に不信感を抱かせることにつながると、覚えておいてください。

チームのパフォーマンスを上げる「心理的安全性」の高め方

ダイバーシティの時代に人間関係を構築するために欠かせないことは、「心理的安全性（psychological safety）」を高めることです。

心理的安全性とは、チームやメンバーから「信頼されている」「尊重されている」「必要とされている」「自分の努力を見てくれている」と感じられる環境に身を置くことです。

先に紹介したマインドフルネスは、個人が超集中を生み出し、自らの可能性を引き出すことですが、この状態をチームで共有し、結果に結びつけるというわけです。

個人のパフォーマンスを上げるためにはマインドフルネスが不可欠ですが、チームの場合は心理的安全性が不可欠なのです。

人は心理的安全性を感じることができると、相手のことを信頼して気持ちが楽になり、今まで以上に結果を出せるようになるのです。

逆にこの心理的安全性が確保されていない職場では、メンバーのパフォーマンスは上がりません。

グーグルでは20％ルールをはじめ、つねにチームが柔軟に変化していきます。エンジニアや営業、企画などさまざまな部署から人が集まりますし、当然ながら国も違えば、育った環境、卒業した学校も異なるので、リーダーは仕事の段取りや役割分担などの前に、まずはいかに人間関係の構築と心理的安全性をチーム内で高めていくかが最重要課題となります。

そこでプロジェクトがスタートすると最初に行われるのが、チームビルディング・セッションです。

チームビルディング・セッションは「本来の自分をさらけ出す」ためのセッションで、自己開示をチームで行い、メンバー同士の心の距離感を縮め、信頼関係の土台を構築するものです。

■自己紹介で自分の人生を語る「ライフ・パース」

チームビルディング・セッションで行われる「ライフ・パース」を使った方法を紹介しましょう。

最初に自己紹介をしますが、「こんにちは。◯◯という部署でエンジニアをしている△△と申します」などといった単純なものではありません。1人の持ち時間は、10～15分間。それだけの時間を話し続けるのはなかなか難しいので、「ライフ・パース」を使用します。

使うのはA3くらいの大きめの画用紙（模造紙）と、フェルトペンです。

この画用紙に、自分がこれまで歩んできた道のりを、絵を描きながら説明し、自己紹介をしていきます。

最初は静かに自分のこれまでのストーリーを絵に描いていきます。本人は絵を描きながら、自分の人生を振り返ります。

「このとき、こんな嬉しいことがあった」

「こんなつらいことがあった」

「ここはみんなにぜひとも聞いてほしい」

など、描きながら頭のなかでストーリーを組み立てていきます。

自分の人生を描くことはアートセラピーにもなり、マインドフルネスと同様の効果があります。つまり、リラックスしたり心が癒やされたり、普段は封印している心の奥底へアクセスして、自己開示することへの勇気が湧いてきます。

たとえば僕が生まれたのは、ポーランドの小さな村ですので、山の麓《ふもと》に家を描いていきます。

そして、「村には人よりも犬のほうが多く……」と、犬の絵を描きます。

村の人たちはみんな、中学校を卒業したら職人になるために働きますが、僕は、村ではじめて高校に進学し、その後、ベルリンの壁が崩壊したあとのドイツに渡って……と絵を描きながら、そして絵に沿って自己紹介をしていきます。

こうした自己紹介は、自分と異なる文化であればあるほどメンバーは興味を持ちます。「共産主義圏での生活は?」「つらいときは、どうやって乗り超えてきた?」など、実にさまざまな質問が出てくるものです。

このように、自己開示することによってお互いの関心度が高まり、メンバー同士の距離が縮まるわけです。

■チーム全員が「本来の自分」でいられるか?

チームで仕事をすること、協力して大きなプロジェクトを達成することが、グーグルが重視する働き方であることはすでに述べた通りですが、どんなに優秀なメンバーが集まるチームでも、それだけでそのプロジェクトの成果が上がるとは限りません。

能力や働き方、リーダーシップなどさまざまな要素があるなかで、うまくいくチームと、いかないチームの差は何か？　その究明のために人事分析部を中心に心理学者、社会学者、統計学者から成る研究チーム「プロジェクト・アリストテレス」が立ち上がりました。

そして成功のカギとして結論づけたのが、自己開示に基づいた心理的安全性であり、それを担うために「ライフ・パース」があるのです。

最初の段階で、メンバーが自己紹介をして心を開くこと、お互いに興味関心を抱くことによって「こんなことを言ったらほかのメンバーから馬鹿にされないか？」「リーダーからダメ出しされないか？」「そもそもメンバーは自分のことをどう感じているのか？」といった不安を払拭します。

安らかで和やかな雰囲気をチーム内に育み、メンバー全員が「本来の自分」でいられるチームや職場であることが、成否を分けるカギと言えます。

また、プロジェクト・アリストテレスでは、公私の区別についても研究しています。

一般的に、会社にいるときは社会人として、あるいは課長や部長としての仮面を被って仕事をします。これは、本来の自分を押し殺して、「仕事用の別人格」をつくり出しているとも言えます。

人生の大半を占めるのは仕事です。時間的にもエネルギー的にも、公私で言えば「公」のほうに人生の多くを費やしています。そんな公の部分の自分を押し殺して生きなければいけないのは、果たして幸福と言えるでしょうか？

もちろん、公私混同はダメです。たとえば、会社の上司が引越しをするのに、まるで業務命令のように部下に無償で手伝わせるのは公私混同にほかなりません。

また、恋人同士の男女が同じ職場にいる場合、プライベートで喧嘩したことを引きずって、職場でも必要な業務連絡を怠ったり、職場で不穏な空気をつくるのも、まさに公私混同。やってはいけないことです。

あくまでも心理的安全性を確保するために、公私の境界線をなくすというものです。

仮面を被った自分と、私人としての自分を使い分けるというのは、とてもストレスフルな状態を生みます。

なぜなら、本来の自分と人から受ける評価が違ってくるわけですから、「本当はこうなのに」「いつもは違うんだけど」などと、あらゆる面で言い訳をしたり、取り繕ったりしなければならず、ストレスを感じるのは当然なのです。

東京大学の安冨歩教授が、〝女装〟をして教壇に立つ姿が話題になりました。安冨教授が「以前は単に〝男装〟していただけで、今は普通に戻っただけです」と話しているのをインタビュー記事で読みました。これこそ評価の違和感を脱し、本来の自分を公私なくさらけ出した姿です。学生は一瞬ビックリはしたそうですが、すぐに受け入れて馴染《なじ》んでしまったと言います。

こんなふうにして、誰もが本来の自分をさらけ出しても、メンバーがそれを受け入れてくれるチームづくりこそが心理的安全性を高めます。

メンバーのみんなが主体的に自分らしさを発揮しつつ、多様性を受け入れ、相互に関わりながら一丸となって共通のゴールを達成しようとチャレンジする。そんな理想的なチームになるためにも、チーム全体で自己開示していくことは大切です。

第 3 章

柔軟なメンタルをつくる習慣

メンタルを蝕むものは、あちこちに隠れている。
自分を過小評価していないか。
小さなことに一喜一憂していないか。
自分の殻に閉じこもっていないか。
自分を信じる強さを得て、感情をコントロールする秘訣とは。

自分が思う以上に、気づかないストレスを抱えている

職場での人間関係や仕事のプレッシャー、取引先とのトラブルなど、ストレスというのは、ネガティブな状況下でのみ感じると思いがちです。

しかし実際には、結婚や引越し、成功や出世、昇給など、一見ポジティブな環境の変化であっても、それがストレッサー（ストレスの原因）となることをご存じでしょうか。

１０７ページの表を見てください。配偶者の死や離婚、病気やケガなどネガティブな出来事がストレッサーの上位にあります。しかし、同様にポジティブなストレッサーも散見されます。つまり、ポジティブ、ネガティブという状況にかかわらず、人は「日常ではない状態」に置かれると、多かれ少なかれストレスを感じると言えます。

ということは、**誰でもどんなにネガティブな要因を取り払っても、つねに何らかのストレスを感じるものだ、と割り切ったほうがよさそうです。**

もちろん、ストレスの感じ方は人によってそれぞれですし、同じストレッサーを受けてもそれを強く感じるか、そうでもないと感じるか、耐性はさまざまです。僕の場合は、多少ストレスがかかった状態のほうが仕事への意欲が湧いてくることもあります（笑）。ストレスはないに越したことはありませんが、なくなることはない以上、どうつき合うかを考えたほうがいいのです。

■ストレスを放置するとやる気が奪われていく

たとえ小さなストレス、ポジティブなストレスであったとしても、それがいくつも重なり、無自覚のままでいると、体や心にさまざまなストレス反応をもたらします。

これは、ストレッサーが脳の扁桃体を刺激して自律神経が興奮し、心拍数が増えたり、血圧が高くなるためです。

体への影響としては、持病が悪化したり、胃炎や胃潰瘍、糖尿病、うつ病などを引き起こすとされています。

また自律神経が興奮している状態ですので、イライラしたり必要以上に不安を感じたり、気分が落ち込んだり、あるいはやる気がなくなるなど、メンタル面にもさまざまな影響が出ます。仕事のパフォーマンス上、過度なストレスは大敵と言えるわけです。

ストレスの解消には、スポーツや休暇などが有効とされていますが、マインドフルネスもまたストレス解消法のひとつとして注目されています。

スポーツや休暇と、マインドフルネスの大きな違いは、前者はストレスの原因から離れる（忘れる）ことがストレス解消になるのに対し、後者はストレスの原因と向き合うことにあります。

「今、自分が感じているストレスの原因は何か？」「どんなときにストレスを感じるのか」など、自らを観察してその原因を突きとめます。

次ページの表を参照しながら、この1年間で起きた出来事をチェックしてみてください。今ストレスを感じている人はその原因がより明確になりますし、感じていない人にとっては、無自覚に抱えているストレスを癒やす機会にもなります。

そのうえで、マインドフルネスを72ページの手順に沿って実践してみましょう。

その際、何度もお伝えしているように過去のつらい出来事や将来への不安に目を向

あなたのストレス度をチェックしませんか？

ストレスとは「生活の出来事」です。その強さを点数で示します。以下の表で、この1年であなたが経験した項目に○をつけ、合計点数を求めましょう。その結果は別表のどこに該当しますか？　ストレスに気づき、コントロールして健康保持に活用してください。

	ストレッサー	点数
1	配偶者の死	83
2	会社の倒産	74
3	親族の死	73
4	離婚	72
5	夫婦の別居	67
6	会社を変わる	64
7	自分の病気やけが	62
8	多忙による心身の過労	62
9	300万円以上の借金	61
10	仕事上のミス	61
11	転職	61
12	単身赴任	60
13	左遷	60
14	家族の健康や行動の大きな変化	59
15	会社の立て直し	59
16	友人の死	59
17	会社が吸収合併される	59
18	収入の減少	58
19	人事異動	58
20	労働条件の大きな変化	55
21	配置転換	54
22	同僚との人間関係	53
23	法律的トラブル	52
24	300万円以下の借金	51
25	上司とのトラブル	51
26	抜てきに伴う配置転換	51
27	息子や娘が家を離れる	50
28	結婚	50
29	性的問題・障害	49
30	夫婦げんか	48
31	新しい家族が増える	47
32	睡眠習慣の大きな変化	47
33	同僚とのトラブル	47
34	引っ越し	47
35	住宅ローン	47
36	子どもの受験勉強	46
37	妊娠	44
38	顧客との人間関係	44
39	仕事のペースが減少	44
40	定年退職	44
41	部下とのトラブル	43
42	仕事に打ち込む	43
43	住宅環境の大きな変化	42
44	課員が減る	42
45	社会活動の大きな変化	42
46	職場のOA化	42
47	家族メンバーの変化	41
48	子どもが新しい学校へ変わる	41
49	軽度の法律違反	41
50	同僚の昇進・昇格	40
51	技術革新の進歩	40
52	仕事のペース、活動の増加	40
53	自分の昇進・昇格	40
54	妻(夫)が仕事を辞める	40
55	職場関係者に仕事の予算がつかない	38
56	自己の習慣の変化	38
57	個人的成功	38
58	妻(夫)が仕事を始める	38
59	食習慣の大きな変化	37
60	レクリエーションの減少	37
61	職場関係者に仕事の予算がつく	35
62	長期休暇	35
63	課員が増える	32
64	レクリエーションの増加	28
65	収入の増加	25

判断基準

合計点	判定
260〜299点	過剰ストレスが疑われる
300点以上	過剰ストレス状態・要対応

（夏目誠・大阪樟蔭女子大学名誉教授提供）

けるのではなく、「今この瞬間を意識する」ことがポイントです。現実をあるがままに知覚し、それに対する思考や感情にはとらわれないことです。

■人から感謝される働き方をする

前ページの表でひとつ気になる項目があります。

それが、57の「個人的成功」です。この「個人的」というところがポイントです。

先ほどのグーグルで世界ナンバー1の営業パーソンとなった女性もそうでしたが、自己中心的な働き方や「自分のためだけ」に動くと、成功を勝ち得ても、そのこと自体が大きなストレスになるということです。

逆に、人のために動き、人から感謝されるような働き方は、ストレスを受けない働き方と言えます。

これは僕もそうです。自分のためだけに仕事をしていると、何かトラブルや解決が難しい問題に突き当たってしまったとき、仕事に向き合う気持ちが萎《な》えてしまって、ここ一番の踏ん張りがきかなくなります。でも、多くの人が喜んでくれると思える仕事は、苦に思わずにできるものです。

これは「周りを巻き込む」ということでもあります。

「どうしたら喜んでくれるか」を考えることは、一人で目の前の仕事をこなすことよりも、数倍のアイデアも力も湧いてくるのです。

■「助けて」と言えますか？

「誰かのために」という意識を持っている人は、当然ながらチームでも柔軟な働きを見せてくれます。

たとえば、上司の立場で部下に仕事を任せるとき、「これやっておいてよ」と丸投げするような上司だと、部下のモチベーションや仕事のパフォーマンスは上がりません。

僕の場合、次のような言い方をします。

僕「困ったことがあるんだけど、ちょっと相談に乗ってくれない？」

部下「ピョートルさん、どうしたんですか？」（ちょっと心配そうな顔で返事をしてくれ

ます）

僕「このプロジェクトで、ちょっとミスがあったみたいなんです。それを明日までに解決する必要があるんですよ」（素直に告白します）

部下「それは大変ですね、私も何かお手伝いしますよ！」（ピョートルさんのためにも！）

大事なことは「助けてほしい」という自分の弱みを素直に見せてしまうことです。自分が何を望み、何に悩んでいるのかをさらけ出す、自己開示することです。

すると部下は困っている僕を見過ごせないという気持ちで、「いいですよ！　やってあげますよ」と気持ちよく手伝ってくれるものです。

上司という立場だからと高圧的に接している人は、このように周りの人を巻き込むことは難しいでしょう。気丈な人は精神的に強い人だと想像しますが、それは素直に自分の弱さを見せられない人であり、メンタルが弱い証拠です。

「助けて」と素直に言える人、「助けてあげるよ」と親切に応じてくれる人こそが、柔軟なメンタルの持ち主なのです。

怒りと悲しみは心のなかの箱に入れる

人の感情のなかで、もっとも厄介なのが怒りや悲しみです。先ほどの表にもあったように、肉親の死や別れといった不幸な出来事はもちろんですが、仕事上のトラブルや部下が思うように動いてくれないこと、うまく仕事が運ばずに自分自身にイライラすることもあるでしょう。

僕は、どちらかと言うと、怒りや悲しみを強く感じてきた人間だと思っています。共産主義国に生まれ、そして共産主義が崩壊する過程でたくさんのつらい出来事を経験してきたからかもしれません。なぜ自分だけがこんな目に遭うのだろうと、何度思ったことでしょう。

そんな怒りや悲しみが溢れ出して、感情をコントロールできなくなってしまったら、マインドフルネスで心を落ち着かせるようにしています。

同時に、僕は心のなかに箱をつくっておくことを習慣にしています。**怒りや悲しみを入れる箱で、そういう感情が湧き上がってきたら「どうぞ、ここにお入りなさい」と入れてあげるのです。**

ゆっくりと呼吸を繰り返し、頭のなかに箱をイメージします。どんな箱でもかまいません。

そして、怒りや悲しみの原因となった出来事をその箱のなかへと招き入れます。決して箱のなかに閉じ込めたり、排除するのではありません。

怒りや悲しみは、野放しにしておくと暴走してしまうので、居場所をつくってあげるということです。

■負の感情を建設的なエネルギーに変える

『インサイド・ヘッド』という映画をご存じでしょうか？　ディズニーのアニメーション映画で2016年のアカデミー賞長編アニメーション賞などさまざまな賞を受賞している作品です。

舞台は少女の頭のなか。喜びと怒り、嫌悪、恐れ、悲しみという5つの感情がキャラクターになって登場し、少女の頭のなかで会議をし、それが少女の泣いたり笑ったり、怒ったりという行動に影響を与えるのですが、悲しみを無理に押さえつけようとして、暴走してしまうという話です。

本当に心に傷を受けたときは、無理に悲しみや怒りを押さえつけずに、泣いたり怒ったりと感情を表に出すことも大切です。

そうした感情を受け入れてコントロールすることで、むしろ建設的なエネルギーに変えていくことができるからです。

そのためにも、暴走する前に箱に入れて居場所をつくるのです。

怒りや悲しみは、どんなに見ないようにしたり、排除しようとしても、いつか必ずまた現れます。時間や状況を変えて、言ってみれば姿を変えて現れてくるのです。そうさせないように、一度箱に入れて落ち着かせて感情を見つめ、理解します。

それが本当にその感情が解消されたことであり、それができればどんな感情もエネルギーに転換できるのです。

■逆境のなかにあっても自らの成長を感じ取る

本書の第2章のなかで、メンタルは強さよりも柔軟さやしなやかさが求められていると言いましたが、これは「レジリエンス」という概念で、心の回復力を意味します。たとえば、どんなにねじ曲げられても、真っ直ぐに伸びる竹のようなしなやかさがあること。具体的には、苦しみや悲しみ、困難な状況のなかにあってもネガティブな面だけでなく、ポジティブな面を見出すことができる思考の柔軟性を持つことです。

レジリエンスが注目されるようになったのは、第2次世界大戦以降。子ども時代を戦時下で過ごし、つらい経験がトラウマとなって、成人後も生きる気力が持てなかった人々がいる一方で、トラウマを乗り越えて前向きに生き、幸せをつかんだ人もいます。

同様の経験を持つにもかかわらず、なぜこのように両者に差が出てしまったのでしょう。

一般的にレジリエンスの低い人は、困難な状況に対して最初から無理と決めつけて、自分を過小評価する傾向があります。また、小さな出来事に一喜一憂してしまい、エネルギーを消耗してしまいます。

その先の大きな目標や本来達成すべきミッション、「なぜ自分がこれをやっているのか」が見えなくなり、すぐにあきらめたり、集中力が続かなくなってしまうのです。するとますます、「自分はダメだ」という考え、悪循環に陥ってしまうのです。

一方、レジリエンスが高い人は、困難な状況、失敗や挫折を糧《かて》にできる人で、苦しい状況にあっても「少しずつ成長している」自分を実感できます。そして、「いつか突破できる」と、前を向いてポジティブに考えられます。

このようにレジリエンスが低い人、つまりは過去の困難な出来事を思い出し、自己否定を繰り返し、自尊心が削られがちな人は、マインドフルネスによって「今」に集中することが大切です。

さらに、一人で抱え込んだり考え込んだりせずに、人に話すことも大事です。つらい体験や苦しい経験をお互いに開示することです。

アメリカの映画やドラマで、アルコール依存症患者が集まって、グループカウンセリングを行うシーンを見たことがあるでしょう。円形に置かれた椅子に患者が座り、それぞれが自分の体験談を話すというもので、一人で解決するよりも同じ苦しみを抱える同士が一緒に解決に向けて取り組むのです。

大事なことは、一人ぼっちで自分の殻に閉じこもっていては、物事は解決しないということです。

失敗を糧にできる人、できない人

感情に支配されて、なかなか建設的に考えたり、行動したりできなくなってしまう典型的なケースとして挙げられるのが、仕事で重大なミスを犯してしまったときです。

本来であれば的確に判断して素早く行動に移すべき状況でありながら、部下は自己防衛反応が先に働き「この状況では仕方がなかった」「上司のアドバイスがなかった」など言い訳と後悔を繰り返し、そして上司も「ミスするのは能力がないからだ」などと人格攻撃をしたり、過去のミスまでほじくり返して責め立てる……。

ミスが起きたとき、建設的な改善策に行動を移せないようでは、単なる時間の無駄にほかなりません。

このような状況を招く要因として、自己開示が欠如していることが少なくありません。

自己開示は、相手をよりよく理解し、信用し合うことを目的にしますから、自己開示がきちんと行われている関係であれば、感情的になることはないのです。

たとえば上司は「仕事量が多すぎなかったか」「ストレスを抱えていなかったか」「危険なサインを見逃していなかったか」など、ミスに至る前に気づけたことがあったはずだと考え、また部下のほうも「適宜、相談していたか」「自分の判断を過信しすぎていなかったか」など、自分の行動に考えを巡らすこともできます。

これは自己開示によって、柔軟なメンタルが育まれたことの現れです。

互いにこのような状態であれば、有効な解決策を見出すのに時間はかからないでしょう。

悪い感情をいつまでも引きずらず、頭を切り替えて適切に対応するには、メンタルの柔軟性は絶対不可欠です。

■失敗をどう解決し、何を学ぶのか？

僕はグーグルで人材開発などに携わっていましたが、採用面接のときに必ず聞くのが「人生で一番の失敗は何ですか？」ということです。

これは意地悪で聞いているのではなく、大きな成功を収める人は必ずいくつもの失敗や挫折を経験し、その経験を糧に多くのことを学んでいるからです。

そんなとき、「何でもやり遂げる気持ちで乗り越えてきました！」などと、失敗したことがないような素振りを見せたり、あるいはいろんな失敗をしているにもかかわらず、ぱっと思い出せないような人は、失敗から何も学べていない人です。

自分の失敗を隠さずに話すことは誠実さにもつながります。

ちゃんと覚えているということは、反省して糧にしている証拠です。どのような失敗をして、その後どのように解決したのかまで論理立てて話ができればパーフェクトです。

成功というのは、失敗をどう乗り越え、何を学んだかという結果に過ぎません。失敗体験は、成功体験より貴重なものなのです。

成功体験ばかり言いたがる人は、僕から言わせたらメンタルが弱い人であり、困難なことに挑戦してこなかった人。つまり、何も成し得てこなかった人と同じなのです。

そして、失敗を恐れずに挑戦しよう！　と思ったときに、必ず現れるのが「ドリームキラー」の存在です。これは「本当にできるの？」「責任は取れるの？」「まだ無理なんじゃない？」と言う人たちです。一見、彼らは親切な助言者のようですが、違います。

僕は挑戦する人に対して、できない理由やその原因、不安要素などは言いません。相手の挑戦を尊重して、そっと背中を押してあげるだけです。

というのも、人は心理的安全性が確保された環境でしか、チャレンジ精神というメンタルを養うことはできないからです。

■互いの理解があれば失敗は起きにくくなる

自己開示によって心理的安全性が確保されているチームは、お互いに仮面を被って自らを取り繕うことがありません。ですからチーム内で率直な意見交換や対話が行われることになります。人格を否定されたり、攻撃されるリスクを感じることなく、積極的に自分をさらけ出すことができます。

自分は何を考え、それを相手がどうとらえるか。相互に深い理解があれば、思い思いの意見やアイデアを積極的に交わすことができます。

心理的安全性が確保されたチームは、リスクを恐れずチャレンジできるので、「どんな困難があろうと、自分はやっていける！」と自分に自信を持つこともできるようになります。

仕事をするうえで、どんなに調査・分析しても、結果が不確実なことはたくさんあります。目標が高くなればなるほど、その不確実性は高まります。**けれども、互いの弱み・強みを知っていれば、フォローし合うことが可能です。それが密になればなるほど、不確実性よりも、確実性が高くなるのです。**

「私は数字が苦手だから、ダブルチェックしてください」とか「私は人前で話すよりデータ作成のほうが得意なので、プレゼンではその業務を担当したいです」などのように、自分を相手にわかってもらうことや、また「彼女は残業しない働き方なので、彼女に必要な会議は午前中にしましょう」とか「彼は押しが強いから交渉役に最適」など、相手を理解していることで役割分担が明確になります。

つまり、相手への理解が、そのままミスが起きにくいチームをつくることにもなるのです。

また、「人はミスをする生き物」でもあります。

だからこそ、安心してミスを伝えられる環境かどうかは、ミスの再発を防ぐうえで重要です。

それをクリアするためには、何度もお話ししているようにワンマンプレーではなく、チーム力（巻き込む力）が大切です。

チームとして協力し合うこととは、すなわちメンバー全員の考えや声が必要ということです。これが確保されている環境こそが、心理的安全性が高い環境であり、柔軟なメンタルを養う環境なのです。

自分の性格を決めつけてはいけない

一般的に、社交的でコミュニケーション能力に優れた人を外向型と言い、一人で過ごすことが多く、どちらかと言えばコミュニケーションが苦手な人を内向型と言ったりします。

ビジネスにおいては、外向型の人のほうが有利だと考えられます。たとえば、営業パーソンであればつねに人と関わり、コミュニケーションによって仕事の成果が左右されますし、人脈が広いほどビジネスチャンスが生まれます。職場でも一人でコツコツやる作業が必要な仕事もありますが、多くはチームで協力し合うことが必要ですし、特にリーダーなど地位が上がるにつれ、より周囲との共同作業が多くなり、外向性が強く求められるようになります。

このように言うと、内向型の人は「外向型にならなければ」「外向型のほうがいいんだ」と思うかもしれません。

しかし、そもそも自分をどちらかに決めつけてはいないでしょうか。

■心の多様性を知る

外向型の人は、人と話をしたり外部とコミュニケーションをとることで、エネルギーを広く浅く取り込みます。どちらかと言えば、危険なことでも果敢にチャレンジできる人が多いのが特徴です。

一方、内向型の人は自制心が強く、危険を避け落ち着いた行動をとれる人が多い。静かに自分と向き合うことでエネルギーを充電し、物事を深く考えることを好みます。

このように2つの性格の違いを決める要因は、エネルギーの取り込み方、刺激に対する反応、情報や経験に対するアプローチの違いです。

つまり人と話したり、外からエネルギーをチャージできるのが外向型の人で、一人で過ごす時間でエネルギーをチャージするのが内向型の人です。

僕の話をすれば、人と話をするのが好きですし、自分をオープンにすることも厭《いと》いませんから、そういう意味では、明らかに外向型と言えます。でも一人で心を落ち着かせて考え事をするもの好きですし、自分を見つめ直すことでエネルギーチャージもしているので、そういう意味では内向型とも言えます。

僕のように、外向型と内向型の中間にあたるパーソナリティを持った人を「両向型」といいます。友だちと楽しくコミュニケーションをとったり、旅行やビジネスなどにも精力的に取り組む一方で、よりエネルギッシュに外で活動するエネルギーを充電するために、一人の時間を確保しなければならないタイプです。

一般的に両向型の人は、感情のコントロールも得意で、その場の雰囲気やＴＰＯに応じて、アウトプットを上手に変化させます。必要であれば自分を殺してビジネスや社交の場で明るく振る舞うこともできますが、ときとしてほんの数分、一人になってエネルギーを充電したいと考え、そのように行動します。

また、親身になって他人の悩みにとことんつき合うことができるのも両向型の人の特徴で、自分の内面とうまくつき合い、表に出す感情を使い分けることができます。

もちろん、外向型の特徴を強く持つ両向型もいますし、その逆もあります。そう考えると、これに当てはまる人は少なくないかもしれません。

■自分を決めつけないことが、変革への可能性を広げる

多かれ少なかれ、自分の思いとは裏腹に、人から外向型だとか内向型だと決めつけられているものですが、こうした他人の印象や他人からのフィードバックに違和感があると、それもまた大きなストレスになります。ひとつウソをつけば、重ねてウソをつかなければならないように、一度「あなたはこうだ」と決めつけられたら、いつまでも「あなたはこういう人だ」とか「あなたらしくない」と、どんどん違う自分が一人歩きしてしまうものだからです。

だからこそ、自己開示はとても重要になります。自分の考えや思い、何に悩みどんな不安を持っているかなどを、あらかじめみんなに知ってもらうことで、そうしたイメージのギャップからくるストレスを避けることができます。

また、自分自身に対して「私は内向的だから、人づき合いは苦手」などと決めつけないことが大切です。

特に内向型であることを悩んでいる人は、「本当に自分は内向的な人間なのか?」

と自分に問い直してみるといいでしょう。

仲間とのコミュニケーションや、人との接触で元気になったり、エネルギーがチャージされていく感覚があれば、それは外向的な側面も持った両向型ということです。英語で「after safe」と言いますが、ひとつのきっかけで、自分が思い込んでいた自分とは違う自分が現れてくることがあります。

たとえば小学生の頃など、クラスが変わったことをきっかけに、友だちがたくさんできたとか、積極的になったなど、行動が変化した経験のある人もいるでしょう。同じように、会社や職場、チームなどが変わったときは、自分が変わるチャンスでもあります。内向型で悩んでいる人は、意識的にコミュニケーションを活発にとっていくなどしてみましょう。最初は無理している感じがするかもしれませんが、人と接することでエネルギーがチャージされていく感覚をつかめれば、内面に秘めた外向性を必ず発揮できるようになるはずです。

どんな場合であっても「自分は〇〇だから」と決めつけないことが、大きく変わるためにも大事なことです。

決めつけた時点で、自分の可能性を決めつけたということになるのです。

エネルギーレベルを上げるために大切なこと

ネガティブな感情のひとつが劣等感です。

「自分は人よりも劣る」という感情を持つことによって自分に自信が持てなくなり、仕事や行動が消極的になって、チャレンジ精神も欠けてしまいます。また、自分の評価が低いと思い込み、人を妬んだり卑屈な言動をしたり、逆に威圧的になったりと、マイナスのエネルギーをまき散らす人もいます。

このように、劣等感は自己否定や自己嫌悪のみならず、人への嫌悪感を生み出す恐れもあります。

人が劣等感を持つ原因のひとつに、自ら他人と比較して、能力あるいは境遇などが「劣っている」「恵まれていない」とコンプレックスを感じることが挙げられます。

ポーランドの小さくて貧しい村に生まれた僕も、周囲の恵まれた環境に育った人たち比べると、多少は劣等感を持つことはあります。なにしろ、これまで働いていたグーグルやモルガン・スタンレーのスタッフたちは、スタンフォード大学やイェール大学などのアイビーリーグを卒業した優秀な人たちばかりです。夏のバケーションの話になると「ヨットで島まで行く」など、とにかく豪華です。

ただ、変えられない過去を妬んだところで意味はありません。こうしたコンプレックスは、むしろ成長へのエネルギー、つまり努力し続けるパワーや、チャレンジ精神に転換しやすいものなのです。

■劣等感を抱えていると、他人を攻撃する

またもうひとつは、周囲から低く評価された経験が、劣等感を強くしてしまうケースです。

特に他人の評価というのは、案外やっかいなものです。

先ほどのように、努力というプラスのエネルギーに転換できればよいのですが、劣等感がメンタルを削り、負のエネルギーとなってしまうケースは多いのです。

他人の評価というのは、その人のためを思ってあえて厳しく下されることもあります。それは悔しさをバネに成長してほしいと思ってのことですが、それがスムーズに伝わり、受け入れられるには、双方の信頼感と、チーム内における心理的安全性が確保されていなければなりません。

ただ心理的安全性が確保された環境にいたとしても、大きな劣等感を持っていると、人の言葉や態度に対していちいち勘ぐったり、卑屈になってしまうことがあります。親切をおせっかいととらえたり、注意を叱責ととらえたりと、自分で状況を複雑にしてしまう場合もあります。

なかでも問題なのは、人に対して攻撃的な態度に出てしまう場合です。そういう人は、人を低く見てこきおろすことで、自分が優位に立ちたいと思っているのです。

しかし、どんなに自信満々に見える人でも、多かれ少なかれ、何かしらの劣等感は抱えているものです。

つまり、劣等感というのは強く持ちすぎなければ、自己成長のためのエネルギーにもなるので、劣等感そのものを否定する必要はありません。

そのうえで、自分を責めたり、他人を妬むのではなく、劣等感の原因を直視して克服するために向き合うことで、プラスのエネルギーに変えることが大事だと言えます。

■エネルギーレベルで自分の「今」を確認する

人を妬んだり、あるいは過剰に自分や他人を責める人は、エネルギーレベルが低い人です。

ここで言うエネルギーレベルとは、**前向きに行動できる基準で、エネルギーレベルが高い人ほど、自分の目指すところへ向かって積極的に動くことができます。**

そういう人は、周りからの応援も受けやすいので、目標達成を加速することができます。

逆に、エネルギーレベルが低くなると、いちいち不安になったりするなど負の感情が優先し、実際に行動を起こすまでに時間がかかります。ですから、どうしても自分一人の世界に閉じこもりがちになっていきます。

さらに、エネルギーレベルが低いときは、周りの人に対して「自分を認めてほしい」「自分を理解してほしい」などと精神的な要求をしたり、「もっといい環境で働きたい」

「○○を買ってほしい」といった物理的な要求をするなど、人の時間やお金、労力を奪い取ってしまいます。

このような人は、自分の欲求が満たされないのは、周囲の人間や環境のせいだと考えており、誰かを恨んだり憎んだりするだけで、決して周りに感謝することはありません。そして、人から物やお金、時間、好意を要求するばかりで、自分から差し出すこともないのです。

もしあなたが、最近愚痴や悪口が多い、周りに要求してばかりいると感じたら、それはエネルギーレベルが落ちているということです。

■「ギブ」の精神が、エネルギーレベルを上げる

エネルギーレベルを少しでも高めていくには、まず周りの人や物に対する感謝、そして、自分の要求によって与えられた物やお金、時間、好意に感謝を示すことが大事です。

そして、それらのことに恩返しをすることです。

さらに次の段階では、要求する立場から「差し上げる」立場へと自分自身を変えていくことです。

僕は、仕事も含めて人とのつき合いにおいて、まずは「ギブ（差し上げる）」から入ります。物や時間、好意などを、まずは差し上げる。

日本には「情けは人の為ならず」ということわざがあります。人に情けをかけておくと、巡り巡って結局は自分のためになるという意味ですが、とても的を射ている言葉です。

ギブしたものよりも返ってくるものが小さい（少ない）場合もありますし、逆にとてつもなく大きく返ってくることもあります。

どちらにしても自分の物やお金、時間、好意のどれか、もしくはすべてを人に差し上げれば、それは必ずどこかでポジティブな影響として自分に戻ってきます。

それは、たとえばちょっと気分が晴れないとき、相手がとてもいい笑顔を見せてくれたことで、自分の気持ちも明るくなったとか、「あの人から助けてもらったから成長できた」といった話が、回りまわって自分の仕事に好影響を与えるなど、さまざまなかたちで戻ってきます。

そして、これが循環することで、エネルギーレベルはつねに高く保たれます。

また、エネルギーレベルは同調します。

つまり、エネルギーレベルが高い人は高い人同士、低い人は低い人同士でいると居心地がいいものです。あなたが居心地がいいと思う人を想像してみてください。おそらく、あなたはその人と同じようなエネルギーレベルのはずです。

自分のエネルギーレベルが落ちてきたと思うときは、元気がみなぎっている人と積極的に話をすることで、自分のエネルギーが引き上げられることもあります。またエネルギーレベルの高い人の思考や行動パターンを意識することで、自然とエネルギーレベルを高められることもあります。

まずは、自分からプラスのエネルギーを周囲に振りまくことによって、あなたのエネルギーのレベルは必ずアップしていくはずです。

第 4 章

メンタルタフネスなチームをつくろう

最速に最高のパフォーマンスを出せるチームこそが最強。
そのために必要なのは、価値観を共有すること。
そして、尊重し合える絆をつくること。
さらに、より深い4次元のコミュニケーションを行うこと。
それらを実現するためのノウハウを紹介。

［信頼を深めるワーク］

──関係を深めて互いの存在に価値をもたらす

「2050年から眺める、未来創造ビジネス」というセミナーを開催したときのことです。このセミナーは、過去から現在に至るまでに、どのようにビジネスや人々の暮らしが変化してきたのか。そして今から約30年後の未来、2050年にはどのような社会になっているのかについて、みんなで想像してみるというものです。

多くの人はAIやVR（バーチャル・リアリティ）といったテクノロジーの進化を挙げました。映画『スター・ウォーズ』に出てくるようなホログラムを使うことで遠隔地にいる相手が立体映像として現れ、コミュニケーションがとれるようになるという意見もありました。またバーチャル会議室などがさらに高度に広まり、オフィスの必要がなくなるという意見も多いようでした。

テクノロジーの進化によって「メンタル」や「コミュニケーション」が不要になると考える人もいました。情熱ややる気がなくても機械が効率的に実行しますし、また通訳など人を介していた仕事も機械に代わることがすでに可能だからです。

しかしその一方で、テクノロジーが進化すればするほど、生身の人間同士の触れ合いの価値が高まるのではないか、という意見もありました。ホログラムでのコミュニケーションではなく、実際に握手やハイタッチ、ハグをすることに大きな価値が出るというものでした。

バーチャルになればなるほど、孤独は深まります。その結果、人が求めるものは、人間同士の触れ合いになるというわけです。

職場やビジネスの場はもとより、社会生活を送るうえで人間関係が重要であることは言うまでもありません。

人と関わることでストレスが生み出されますが、同時に人との関わりによって、ストレスを解消することもできます。そして、幸福感や安心感もまた、人間関係のなかでしか生まれないのです。

マインドフルネスは、自分との絆を深めて安心感を自らにもたらすことができます。

そしてまた、次元を超えた視点を見出す効果も得られますが、これを自分だけで行い、自分だけで満足し、自分だけが効果を享受するなんて、とても寂しくてむなしいことだと僕は感じます。

人は人間関係のなかに幸せを見るからです。チームや友だち、パートナーなど、自分の周りの人たちみんなが幸せになってこそ、自分も幸せになれるのです。

どんなにテクノロジーが進化しても、人はつねに人との関わりのなかでお互いに影響を与え合っていることを忘れてはいけません。

■5分間見つめ合って相手の心に入っていく

相手を深く理解し、信頼を深める方法として、「2人1組で見つめ合う」というちょっと面白いワークがあります。

①2人でペアになって、向かい合って座る

②相手と5分間、見つめ合う

手順はただこれだけです。簡単でしょう？

ペアとなる相手は知り合いでもいいですし、初対面同士でもかまいません。やることは、5分間、何も話さず、ただ静かに見つめ合うだけです。

だいたい最初の2分間は、お互いに落ち着かないはずです。それはそうでしょう。ほとんど知らない相手と話もしないで見つめ合っているだけですから、なんとなく警戒心や恐怖心が先に立ちます。

しかし、2分を過ぎたあたりから、少しずつ警戒心が薄れていきます。そうすると今度はだんだんと気持ちが落ち着いてくるのです。

そして5分後には、たいていみなさん「はーっ」と深いため息をついて、そのあとに涙を流す人も少なくありません。

感動するわけです。

人から見つめられることで得られる安心感と同時に、自己と向き合い悲しみや楽しみなどの感情をノンバーバルコミュニケーション（非言語コミュニケーション）によって、自然と共有しているのです。

管理職研修で行うときは15分間も行うことがありますが、見つめ合うだけでお互いの理解度、親密度がぐっと増すのです。

■無条件に相手を受け入れる気持ちを持つ

アメリカの心理学者で、ニューヨーク州立大学のアーサー・アーロン博士は、「男女が4分間見つめ合っていると、やがて恋に落ちる」という論文を発表しています。

実際には、「有名になりたいですか？　それはどんな方法で？」「友情において、もっとも価値のあることは何ですか？」「『○○を共感できる人がいればいいのに』という文章を完成させてください」「大切なものが詰まった家が火事になってしまいました。家族とペットを助け出したあと、何かひとつだけ取りに行くことができるとしたら、何を取りに行きますか？　その理由は？」など、36の質問にお互い答えたうえで、4分間見つめ合うのですが、アーロン博士の実験の被験者となったペアは、6カ月後に結婚にまで至ったといいます。

おそらく恋人同士や夫婦であっても、4分間もの長い間、黙って見つめ合うという経験はそうないのではないでしょうか。

お互いに見るという行為は、それだけで関係性において大きな変化をもたらすことは事実なのです。

この見つめ合う行為を、深刻にとらえる必要はありません。たとえばペットに対する眼差しを想像してみてください。専門的には「エンジェルアイ（天使の目）」などという言い方をしますが、相手を無条件に受け入れる眼差しです。そのような眼差しは、相手の心を開く鍵になるのです。

5分間見つめ合うことで、最終的には感動をお互いに味わうことになるのですが、それはなぜかわかりますか？

見つめ合うことで、お互いに自分の弱さをさらけ出す、つまり自己開示していることになるからです。

見つめ合うだけで？　と思うかもしれませんが、「目は心の窓」とも言うように、自分の心のすべてが現れます。

見つめ合うことによって、お互いに安心感を享受し、そして親しくない相手には隠しておきたい、心の一番奥底にある感情、つまり弱さを互いの眼差しのなかに発見するのです。

そしてそれを自分のものとして感じ、受け入れることで、理解すること、理解されたことへの感動が生まれるのです。

人間関係は、ビジネスでも恋愛でも同じです。相手に自らをさらけ出すことで、はじめて真の信頼関係を構築することができるようになります。

［相手を深く受け入れるワーク］

──「自分と相手を認める力」で

強さと弱さを受け入れる

自らの内面を開示して人間関係を深めるために、もうひとつ僕が行っているのが、相手を深く受け入れるためのワークです。

こちらは、見知らぬ者同士がペアになって行うのですが、できるだけお互いのバックグラウンドが異なる人とペアになってもらいます。

たとえば男女であったり、年齢差が大きかったり、あるいは職種などが異なり、普段あまり接することがないタイプの人同士が組んで行うほうが、より効果的です。

■心の奥底を開示していく

まずAさんが、相手に自分の見てほしい部分と、見てほしくない部分を自己開示します。

①「あなたに見てほしいのは、私の◯◯です」
②「あなたに見てほしくないのは、私の××です」

①の◯◯は、強みや長所、ポジティブな感情です。たとえば、「あなたに見てほしいのは、私の知恵です」「専門性です」「努力です」など。

②の××は、弱みや短所、ネガティブな感情です。たとえば、「あなたに見てほしくないのは、私の疲れです」「ストレスです」「悲しみです」などとなります。

対して、Bさんは以下のように答えます。

③「あなたの◯◯（強みや長所、ポジティブな感情。知恵・専門性・努力など）が見えます」

④「あなたの××（弱みや短所、ネガティブな感情。疲れ・ストレス・悲しみなど）が見えます」

このように、Aさんの強みや弱みに対してオウム返しして、さらに次のようにつけ加えます。

⑤「そして、それ以上のことも見えます」

今度はBさんが、①〜⑤を繰り返します。

これを、5分間、何度も繰り返します。

見知らぬ者同士ですので、当然最初は当たりさわりのない強みや弱みから話し出すでしょう。しかし、これを何度も繰り返しているうちに、なおかつ相手から、「それ以上のことも見える」と言われることによって、どんどんと開示の内容が心の奥底へと深まっていきます。普段自らが覆い隠していること、記憶から消し去っていることも思い起こされ、心の内がすべて開示されるわけです。

■すべての人は「ひとつ」であり「一緒」であることを経験する

僕は、先ほど紹介した信頼を深めるワークと、この相手を深く受け入れるワークがとても好きです。自分の奥底までを開示することで得られるのは、絆や共感など、さまざまな言葉で説明できますが、ひと言で言うと、「みんな一緒」ということ。

私たち一人ひとりが、実は一緒でありひとつ。そういう大きな意識を経験できるということです。

人には年齢差や性差、学歴や職業など表面的にさまざまな違いがありますが、その違いがあることで優越感や劣等感を持ったりします。

しかし、心の奥の奥まで深く入っていくと、実は自分がコンプレックスを抱いていたことは、相手も同じように（もしくは違う側面で）コンプレックスを抱えていることを知ります。

相手の劣等感は自分の劣等感であり、自分の悲しみは相手の悲しみだとわかります。逆に、相手の喜びは自分の喜びと感じ、自分の幸せは相手の幸せだと気づきます。

このように、相手も自分も同じ、ひとつであると感じるのです。

ですから、ワークのあとは、みなさんとても穏やかな気持ちになります。相手のなかに自分を見つけることで、大きな安心感、リラックスを得られるからです。

■コミュニケーションのなかから自分を見つける

初対面の相手や、少し苦手意識がある人に対しては特に、知らず知らずのうちに心が閉じてしまうものです。「こんなことを言ったら変に思われるのでは?」「自分を知られるのは恥ずかしい」と無意識に防御態勢に入るからです。

そうした感情は、態度にも現れます。うつむき加減になったり、目を合わせられなかったり、表情も暗くなります。また、緊張感は相手にも伝播しますから、互いに緊張した堅苦しい雰囲気に居心地の悪さを感じることもあるでしょう。

そうならないためにも、意識して心を開く必要がありますが、トレーニングも必要です。僕のセミナーで、必ず初対面の人同士でペアを組んでもらっているのもそのためです。知り合い同士だと、どうしても恥ずかしさや、相手に対する思い込みが邪魔をして正直になれないからです。

けれども、自ら心を開くことで、相手も心を開いていくという感覚をつかめたら、しめたものです。

もうひとつ大切なのが、素直さです。

相手の話を勝手に思い込んで判断したり、否定的にとらえずに、素直に理解しようと思うこと。

そして、自分が話す場合も、良く見せようと見栄を張ったり、話を大きくしたり、ウソをつかないことです。等身大の自分の姿を素直に話し、相手が理解しやすいように丁寧に伝えることが大切です。そうすることで、相手と自分が見えてくるのですから。

［信頼をパフォーマンスに変えるワーク］

――「問題」を行動に変えて「解決」する

　ここまでは相手を理解し、絆や関係性を深めるためのワークを紹介しましたが、次は、相手と築いた関係を、仕事やパフォーマンスに活かすためのワークを紹介しましょう。

　相手の悩みや問題を解決し、「やりたいこと」へとパラフレーズするのです。パラフレーズとは、相手が言ったことを、ほかの語句に置き換えて言い直すことです。

①相手の「やりたくない」という意識を変えるパラフレーズ

　Ａさん「この仕事は、ちょっと自分にはまだ難しいなあ」

　Ｂさん「なるほど。あなたはこの仕事をどうしたら成功できるか、知りたいんだね？」

新しい仕事にチャレンジすることを躊躇《ちゅうちょ》しているAさんに対して、Bさんは「Aさんが望んでいること」に変えて言い直します。

②過去の失敗にこだわっている人の意識を変えるパラフレーズ

Aさん「また失敗してしまった！　どうして自分はいつもこうなんだろう……」

Bさん「なるほど。あなたはもっと上手く仕事をしたいんだね」

過去の失敗を悔やむAさんに対して、Bさんは「Aさんが成長したいこと」や「こうありたい」という未来志向の言葉で言い直します。

③ネガティブな言葉に対するパラフレーズ

Aさん「あの人は、いつも頼んだことをちゃんとやってくれないんだよ」

Bさん「なるほど。あなたはもっといろんな人の協力がほしいんだね」

このように日々抱えている問題や課題を、ちょっと視点を変えて言い換えることで、問題が明確になり、前向きな行動へと変えることができます。大きな問題から小さな問題まで、建設的に解決へと向けて行動を促すことができます。

■言葉や会話によって起こる現象を意識する

コミュニケーションとは、現象を起こすことです。

つまり、あなたと相手、もしくはチームにどのような現象を起こしたいのか。それがコミュニケーションをとるうえで大切なことです。

これが明確になっていないコミュニケーションは、状況を複雑にしてしまいます。目的がないコミュニケーションは、思わず感情的になったり、言わなくてもいいことを言ったり、逆に言えなかったりと、暴走してしまうものなのです。

たとえば、先ほどのパラフレーズでは、過去を悔やむAさんに、未来志向のパラフレーズで返したBさんでしたが――。

Aさん「また失敗してしまった！　どうして自分はいつもこうなんだろう……」

と言うAさんに対して、

Bさん「Aさんは昔から失敗ばかりだからなー」

などとBさんもネガティブな言葉で言い返してしまったら、Aさんのモチベーションは一気に下がることは明確です。そして、実はBさんのような言い方をする人は案外多いものです。

しかし、チームにおいて、そんなネガティブな雰囲気は決していいものではありませんよね。

コミュニケーションをとる「相手」や「場」に対して、どのような現象を起こしたいのか。その目的を明確にしてこそ、コミュニケーションは深まるのです。

相手を元気づけたいのか、楽しませたいのか、怒らせたいのか、あるいはチームのモチベーションを上げたいのか、コミュニケーションを活発にしたいのか。

まずは相手やチームを「どうしたいのか？」を考えたうえで、言葉を発することが大事なのです。

そして返すほうもまた、言葉によって起こる現象を意識して話す。このように双方の思いが一致していれば、とても深いコミュニケーションとなります。

たとえば、アイデア会議、企画会議のような場で「自由に意見を言ってください」とか「何でもいいのでアイデアを」などと言っておきながら、いざ発言があると、「いや、でも予算が」とか「それは実現は難しい」「それはちょっと……」などと言い出す人は必ずいるものです。それがリーダーであれば、もう誰も何も言う気にはならないでしょう。それでいて「会議ではもっと意見を言いましょう」などと言っているのですから、僕なんかは笑ってしまいます。

自分の発言がどのように場に影響を与えているのか、会話の現象をまったく考えていない証拠です。

［メンバーのモチベーションを高めるワーク］

――5つの質問でパフォーマンスを一気に上げる

チームのパフォーマンスを高めるために、グーグルでは心理的安全性を高めるよう自己開示をし合うという話を2章で述べました。

リーダーとして、個々のメンバーがどのようなモチベーションで仕事に向き合っているのかを知り、さらにメンバーのモチベーションを高める方法として、グーグルで取り入れているのが次の5つの質問です。

まず自分に問いかけてみてください。

1. あなたは仕事を通じて何を得たいのか？

2. どうしてそれを得ることが大切なのか？（3回問い返す）

3．何をもって「いい仕事をした」と言えるのだろうか？
4．どうして今の仕事を選んだ（選んでいる）のか？
5．去年の仕事は、今年の仕事にどうつながっているのだろうか？

急にそんなことを問われても、答えに詰まってしまう人がほとんどでしょう。別に正解はないので、きちんと答えられなくても大丈夫です。

肝心なのは1～5について、深く考えることです。

2の「どうしてそれを得ることが大切なのか？」は、たとえば「信頼してもらいたいから」と答えたとすると、さらに「なぜ信頼を得ることが大切なのか」と問い返し、それに対して「自分を認めてもらいたいから」という答えが出てきたら、それに対してさらに「なぜ、それが大切なのか？」というように、3回問い返します。

そうすることで、表面的に得たいものではなく、本当に心の底から自分が望んでいることが見えてくるのです。

これらの質問を何度も繰り返し自分に問いかけることで、自分自身の方向性が明確になり、考え方も深まってきます。

その結果、仕事に対するモチベーションもこれまでとは違ったものへと変化していくはずです。

自分に問いかけたあとはメンバーと行いますが、その場合は5つの質問に答えてもらったうえで、さらに次の2つの質問をします。

6. あなたの一番の強みは何ですか？

7. 私たちは、あなたにどのような支援ができますか？

仕事への思いと、それを達成するための自分自身の強み、そしてそのために必要な周囲の支援が得られることを知ることは、心理的安全性を高めるという意味でもとても有効です。

行動しながら、会話しながら心を整え、モチベーションやパフォーマンスを高めていく。それが深いコミュニケーションを生み出します。

これは言わば「アクティブなマインドフルネス」です。

ビジネスでの成功のカギは、自分の内面だけにあるのではありません。周囲にどんなサポーターが必要かということを理解する必要があります。

会社の同僚や社外の協力者、あるいは友人や家族など、こうしたサポーターが存在することで、実は自分の価値が高められているのです。その発見も自分の成長につながることを忘れないでください。

まさに、会話とは人や場を動かす現象そのものなのです。

［初対面の相手と理解を深めるワーク］

――短時間に価値観を共有し、影響をもたらす関係をつくる

チーム内でのコミュニケーションについて話をしてきましたが、社内はもちろん、社外の協力者を得るために、初対面から一気に理解を深めるワークを紹介しましょう。

「今日のランチは何を食べましたか？」

「今日はイタリアンを食べました」

たとえば、このような会話はエレベーターのなかや休憩中など、日常的によく見られるものです。

しかし、先にお話ししたように、この会話でどのような現象が起きているかと考えた場合、特にないと言えますし、当然ながら、相手を理解できるほどの内容があるとは思えません。

それはなぜか？　これはファクト（「何をしたか？」という事実）を問いかけているに過ぎないからです。

つまり、相手を理解するためには、相手の価値観や信念、アイデンティティが答えとして返ってくるような質問を心がける必要があります。

㋐「ランチはいつもどんなふうに選んでいますか？」
㋑「どうしてそんなにイタリアンが好きなんですか？」

㋐と㋑それぞれに対して、みなさんならどんなふうに答えますか？

たとえば㋐なら――。

「実はラーメンが大好きで、全国の美味しいラーメン店を巡っては、そこの店主に話を聞くのが好きなんです。だから個性的なラーメン店ばかり行ってるんですよ」などと言う人もいるでしょうし、「お店を選ぶというより、みんなで楽しく食事をすることが好きなんです」という返事もあるでしょう。

あるいは㋑に対して「３年前にヴェネチアを旅して、そこで食べた本場のイタリア料理の味が忘れられずに……」などなど、質問次第で会話に深みが生まれますし、何よりもその人の価値観やバックグラウンドが見えてきます。

冒頭の会話のように、ファクトで質問している人は、永遠にファクトが続くだけです。

たとえば「ランチはイタリアンを食べました」「どこのお店ですか?」「〇〇駅のビルに入っている店です」「混んでいました?」「お昼はいつも混んでいます」……。

どうでしょう? これで会話と言えるでしょうか? 質問する人が、本当に相手に興味があるとは思えませんね。

「If you want to be interesting, be interested」

人に興味を持ってもらいたければ、まず自分が興味を持つ。

これはデール・カーネギーの言葉です。

「この人は、自分にこんなに関心を持ってくれているんだ」と思うことで、人は相手に心を許し、そこから信頼関係も構築されていくのです。

コミュニケーションに必要な3つの軸

これまでにコミュニケーションを深めるいくつかのワークを紹介しましたが、そもそもコミュニケーションには3つの軸があります。これは段階的なものではなく、それぞれが補強し合う関係と言っていいでしょう。

3つの軸とは、①自分軸、②相手軸、③グループ軸です。

■自分軸——まず自分自身を認識する

自らの価値観をベースにしてコミュニケーションをとります。自律的で整合性のとれた行動やコミュニケーションが実現します。

自己啓発本などではよく、他人の目や評価を気にして行動する相手軸（他人軸）で生きるよりも、自分のやりたいこと、好きなことをベースに行動する自分軸のほうが幸せになれるという言われ方をします。

しかし、その一方で、自らの価値観や信念がはっきりしていない人は、単にわがままで自己中心的なコミュニケーションに陥る危険性もあります。

肝心なのは、価値観の構築はもとより、自らの今の感情に気づくことです。

何か不快なことがあったり、悲しい出来事に遭遇したときに、「自分は今、不快で怒っている」「自分は今、深い悲しみにあり、落ち込んでいる」などと自分の感情を認識することで、「なぜこんなに怒っているのか」「どうすればこの怒りを解決することができるのか」に意識を向けることができます。

そして自分軸がはっきりしている人、つまり自分の本質であったり、生きる目的、自分の役割を明確に認識している人は、相手軸、チーム軸の要となることができます。

■相手軸——相手とどんな関係を築きたいのかを考える

相手の立場や相手の視点に立って、「相手が今、どのように感じているのか?」「何に対して怒っている（悲しんでいる）のか？」と、相手の感情にフォーカスし、理解したうえで行動します。

また、会話の現象を意識したコミュニケーションも相手軸と言えます。

先述したように、ネガティブ思考からポジティブ思考、未来思考へと相手に対する返答、会話を変え、モチベーションを高めることは、リーダーとしても重要な手腕と言えます。

相手軸をもっと強化したい人は、信頼を深めるワーク、相手を深く受け入れるワークが有効です。

■グループ軸――周りを巻き込み行動に変える

相手軸からさらに発展して、チーム全体にポジティブな現象を起こすのが、グループ軸です。

グループ全体のモチベーションが今どうなっているのかを敏感に感じ取り、ミッションに向かって方向性を示す。さらには、一人がリーダーシップを発揮して全体を引っ張るのではなく、チーム全体として創発するには、グループ軸で考える必要があるのです。

そのためには一人ひとりが内心思っていることや自分の弱い部分などを自己開示し、心理的安全性が確保されているチームづくり・空間づくりを意識していくことが欠かせません。

グループ軸を強化したい人は、メンバーのモチベーションを高めるワークが有効です。

高い次元でコミュニケーションを深める

取引先やビジネス上の交渉の場、あるいは営業に行くときなど、ビジネスライクに段取りよく話をするのが正しい交渉のあり方だと思っている人がいます。しかし、ビジネス交渉もまたコミュニケーションです。会話による現象を意識したうえで、人間関係を構築することが大切です。

特に物が溢れ、価値観も多様化している現代は、本当にほしい、必要なものしか購入しない時代です。

こうした時代には、売り手への信頼感や的確なニーズの掘り起こしが重要です。営業トーク的なプレゼンテーションでは物は売れないのです。

たとえば、挨拶もそこそこに「ウチではこんな商品を売っていまして……」と、プレゼンをはじめる人は少なくありませんが、いきなり商品を売り込まれても相手はガードをきつく固めるだけで、話すら聞いてもらえません。

とは言え、相手のタイプもさまざまで、「こうすればよい」というマニュアルはありません。

あえて言うなら、相手に敬意を払い、相手が関心のあることに興味を示し、話を聞くことを心がける。そして商品を売り込むのではなく、自分自身を売り込むことです。

僕の場合、取引先の担当者とは仕事の話はさておき、いつも仲良くなって「ピョーさん」とか「ピョーちゃん」なんて呼ばれることも少なくありません。

僕の信条としては「商品が先」ではなく「自分が先」なのです。

そういう関係になることで、思ってもみない大きな仕事に発展することもたくさんあります。つまり、商品の価値もさることながら、より深く価値のある人間関係をつくっていくことが求められると考えています。

■4次元を超えるコミュニケーションは、人生を変える

僕は人間関係を築くことは、すべての可能性の基本だと考えています。そして、そ

ういう人間関係をつくるには、その人をどこまで深く見ることができるかが大事です。

「深く」ということを少し説明しましょう。

たとえばこの世界は3次元です。0次元は「点」、1次元は「線」、2次元は「平面」、3次元は「立体」です。

これを人間関係に置き換えると、一方的に価値観を押しつけるだけで、人間関係を構築できない人は、2次元（平面）でしか相手を見ていないということです。もしくは、その人がどんな会社に勤めていて、どんな部署でどんな役職で……と、せいぜい3次元（立体）止まりです。

しかし、もっと深く、4次元の世界に入っていくとどうでしょうか。

4次元というのは、縦・横・高さという3つの軸に、時間や空間という、もうひとつの軸を加えた世界です。

たとえば、絨毯《じゅうたん》を想像してみてください。絨毯は一見平面ですが、もっと近づいてみれば糸が織り込まれていてふわふわしている立体であることがわかります。

さらに、その糸も直線や平面ではなく立体です。

つまり絨毯という立体のなかに、糸というもうひとつの空間が存在することとなり、これがいわば4次元の世界です。

どんどんミクロに見ていくと、原子や電子、量子へと軸が増えていく。これが高次元の世界です。

人間関係も同様で、ミクロの世界に入っていくほど、時間と空間という新たな軸が現れます。

たとえば、チームメンバーの一人が不機嫌な表情をしているとき、平面や立体でしか見ていないと、「感じが悪い」とか「自分は嫌われている」と感じるかもしれません。しかし、時間や空間という4次元の世界で見ることができれば、「そういえば昨日から体調が悪そうだったな」などと、気づくことができます。そうすれば、「お体大丈夫ですか？」と声をかけることもできるしょう。

またたとえば、今はまだ若手で大きな仕事を与えられていない取引先の担当者に対して、4次元で見ることができれば、「将来きっとこうなる」と、その人の将来のあり方まで見えてきます。

それが見えると、「あなたは、これからもっと仕事が楽しくなるでしょうね。そのためにも、こういうことをしたらどうですか？」などと、ポジティブな声がけをすることができます。間違っても「若手だけど大丈夫かな？」などと否定的に思うことはなくなります。

つまり互いに良い影響を与えることができる関係になるのです。

その人の存在に対して、時間と空間を超えた次元で理解する。これが高次元のコミュニケーションです。

「今まで誰にも言われたことがなかったことを、ピョートルさんが言ってくれました。それがとても嬉しかった」

僕は数人の取引先の人から、そう言われたことがあります。そういう人はたいてい、いろんな人に僕を紹介してくれて、仕事の依頼が増えていくのです。

高次元の関係を築くためにも、まず自己開示をして、心理的安全性を構築し、お互いの理解を深める準備が必要です。

高次元での理解、高次元での関係を一度築くことができれば、仕事のあり方、生き方すらも変えることができるのです。

第 5 章

直感とインスピレーションが活かされる時代

「インダストリー4・0」の時代を生きるために必要なのは、
スピードと、常識を超える発想。
そして、未来への創造。
それは、新しい価値を生み出すということ。
「アルケミスト」という生き方が大きなヒントになる。

新たな産業革命の波
「インダストリー4・0」を生きる

ＡＩをはじめとしたコンピュータの技術革新がものすごい勢いで進んでいます。とは言え、「10年後にはほとんどの仕事はＡＩに取って代わられる」「２０４５年には人間を超える能力を持ったコンピュータが生まれる」というように10年、20年先のまだまだ未来の話と思っている人もいるかもしれません。

しかし２０１７年、予想を遥かに上回るスピードで技術革新が起こりました。グーグルの研究者たちが開発したＡＩが、自らの力で新たなＡＩをつくり、そしてＡＩがつくった〝子ＡＩ〟が、これまで人類がつくり上げたＡＩよりも優れた性能を持つことに成功したのです。まさにシンギュラリティ（技術的特異点）の瞬間です。

そして今、こうした技術革新は一企業の成果にとどまりません。

ドイツでは「インダストリー４・０（第４次産業革命）」に、産学官が一体となって総力をあげて取り組んでいます。

■ＡＩとの共存で人間が求められているもの

ご存じの通り、第1次産業革命は19世紀のイギリスで起こり、石炭などの燃料で動かす蒸気機関の発明により、機械を人力の代替とすることで生産性が飛躍的に高まりました。

第2次産業革命は、20世紀初頭です。電力を使うようになり、自動車産業に代表されるようなベルトコンベアー式が大量生産を可能にしました。

そして20世紀後半、コンピュータ技術の導入によって、生産の一部が自動化されました。これが第3次産業革命と呼ばれるものです。

第4次産業革命もコンピュータ技術ではありますが、第3次と大きく異なるのがＡＩ技術の導入です。

つまり生産の一部を自動化するのではなく、生産のすべてが自律化されます。スマートファクトリー（自ら考える工場）と呼ばれ、指示を与えなくとも自分で考えて動き、内蔵されたセンサーが機械の異常やパフォーマンスの低下などを感知して、自動的に修理することもできます。

こうした動きはドイツのみならず、アメリカではインダストリアルインターネット、中国では中国製造2025などと言われ、日本においてもコネクテッドインダストリーズの名のもとに、経済産業省が中心となって、IoT（モノのインターネット化）、ロボットやAI、スマートファクトリーへの取り組みが進められています。

■IoTやAIに仕事は奪われるのか？

これまでの技術革命は手作業や体を使う労働力の機械化でしたが、こうしたAIの進化や自律型の工場など21世紀の技術革命では、認知能力という「人間の領域」とされていた仕事が機械化されることになります。

「AIに仕事を奪われる」

この言葉が、急速に現実味を帯びてきました。

イギリス・オックスフォード大学のマイケル・A・オズボーン准教授は、『未来の雇用』という論文において、７０２の職種が「コンピュータに取って代わられる」という確率を試算しています。

日本においても、コンビニエンスストアのレジの無人化、自動運転システムによるタクシーや運送業の無人化、コールセンターや警備などのデジタル技術への転換が、ニュースなどで話題になっています。

ホワイトカラーの仕事においても、メガバンクがすでに今後10年で１〜２万人の人員を削減することを公表していますし、会計士やマーケッター、プログラマー、弁護士でさえも、将来はＡＩに代わる可能性が高いと言われています。

ＡＩはプログラミングによってデータを蓄積し、設定されたゴールに向かって最適化・最大化します。その過程で、ディープラーニング（深層学習）技術によって自ら学習し、非常に短い時間でさまざまな方法を計算して正解を導き出し、人間の能力を超えた成果を生み出すことができます。


では、本当に人間の仕事はなくなってしまうのでしょうか？

ロジカルな思考や分析は人間よりもＡＩのほうがずっと正確でスピーディーに結果

を出せる時代になり、いくつかの分野ではＡＩに仕事を奪われることはたしかです。しかし、ＡＩに「こういう動きをしなさい」という目的を与えるのは人間です。自ら社会の課題や問題を発見して、それを解決するためにビジネスを生み出すようなことはＡＩにはできません。

つまり、仕事の内容や質は変わるものの、仕事そのものがなくなるわけではありません。

たとえば、第2次産業革命によって製造業がオートメーション化され、当時も仕事がなくなることが危惧《きぐ》されていました。もちろんなくなった仕事もありましたが、むしろ新たな仕事が生まれ、相対的な労働需要は減るどころか増えていったのです。

その際、重要になるのが1章でも述べた通り、好奇心を持って新たな物事に取り組むことができるかどうかということです。

そう考えたとき、一流大学を出て、一流企業に勤めれば生涯安泰という考え方では今後は通用しなくなります。

たとえば、30代、40代になってから一流企業を辞めて、弁護士の資格を取得すると言うと、日本なら「何を今さら」「せっかく一流企業に勤めているのに」と否定的な意見が大半となるでしょう。しかし、欧米であれば30代、40代のキャリアチェンジはよくあることで、むしろそうしたチャレンジを応援します。**何歳になっても好奇心を持って新しいことを学び、チャレンジしていく。その気持ちがなければ、これからは通用しなくなるのです。**

■質が高く価値ある仕事だけが生き残る

単純なルーティンワークの一部は、すでに先進国から新興国へとアウトソーシングされています。今後はそれをＡＩが担うようになり、先進国からはルーティンワークと呼ばれるものはなくなっていくでしょう。

たとえばスウェーデンでは、１９９０年代にはすでに「時給２５００円以下」の仕事がすべて淘汰されていました。時給２５００円以下の仕事の多くは、海外へアウトソーシングされるようになったのです。そして、スウェーデン国内では、よりクリエイティブで非定型的な、質の高い仕事だけが生き残りました。

質が高く、価値のある仕事とは、「自分が世界に何をもたらしたいのか」「何を得た

いのか」というミッションが明確にある仕事です。

そのためにも、「ギブ」と「テイク」をしっかり決めて、そのバランスのとれた仕事をやるべきです。

■プロ棋士藤井聡太から学ぶＡＩ活用術

肝心なのは、ＡＩに仕事を奪われたり使われるのではなく、ＡＩをどう使いこなしていくかということです。

そのヒントとなるのが、プロ棋士藤井聡太七段です。

ご存じの通り、藤井七段は中学生でプロ棋士となり、デビューから公式戦29連勝という新記録を樹立しました。

彼の強さの秘密はＡＩの活用にあります。

藤井七段の持ち味は「終盤の強さ」にあり、逆に言えば当初は序盤・中盤に弱点があったそうです。

その弱点の克服に活用したのが、ＡＩの将棋ソフトだったのです。膨大な対戦記録のデータから学習して、最短かつ最適な指し手を判断するＡＩ将棋ソフトは、従来の定跡《じょうせき》にとらわれないため、ときとして人間にはその手がなぜ好手なのか、理由すらわからないとも言われています。

藤井七段は、序盤の弱点克服に、このＡＩ戦略を分析し、自分の将棋に取り入れました。早い仕掛けによって自分のペースをつかみ、もともと得意であった終盤へと一気に持ち込むスタイルを確立したのです。

極端に言えば、苦手な序盤から中盤にかけては、ＡＩというもうひとつの脳（道具）を使って学習した指し手で有利に勝負を運び、終盤から最後の詰めにかけては、藤井七段自らの脳を駆使した指し手で勝負を制する。いわば、人間の頭脳とＡＩの融和と言えます。

ひとつのモデルとして、これからの仕事や生き方など、「ＡＩと人間の共存」のあり方を、この高校生プロ棋士、藤井七段から学ぶべきではないでしょうか。

直感とインスピレーションは、すべての「最適解」

僕は、直感やインスピレーションを非常に重視しています。管理職育成やイノベーションに関わるセミナーを行う際は、口癖のように「直感を使いましょう」というメッセージを強く発信しています。

たいていは、「データ分析やエビデンスに基づいたものでなければ信用できない」と言われますが、**データ分析やエビデンスから生まれる発想は、しょせん「従来のもの」の延長線上でしかなく、AIでも可能な領域です。**

■AIは間違いを犯さない。だからアイデアも生まない

たとえば、スリーエムが開発した「ポストイット」は、当初失敗作でした。化学メ

ーカーのスリーエムは当時、強力な接着剤の開発に取り組んでいたのですが、出来上がったのはそれに反して粘着力の非常に弱い接着剤だったのです。

貼ってもすぐにはがれてしまう接着剤など使いみちがないと、放っておかれました。しかし、研究員のアーサー・フライがこの接着剤はしおりのように使えるのではないかとひらめきます。それがポストイットとして世界中に広まりました。

ほかにも、Twitterは社員が遊びでつくったショートメッセージの交換ツールが社内で評判となりアプリ化したものですし、フェイスブックも、ハーバード大学の学生だったマーク・ザッカーバーグが、憂さ晴らしのために一晩で立ち上げた「フェイスマッシュ」というソフトが基礎になっています。

このように、インスピレーションによって生まれ、世のなかに新しい価値をもたらした商品やサービスは数限りなくあります。

ポストイットの例で言えば、ＡＩに「強力な接着剤をつくれ」と指示すれば、その通りのとても強力な接着剤をつくることはできるでしょうが、おそらくポストイットが生まれることはなかったでしょう。

つまり、計算では生み出すことができない商品やサービス、そしてビジネスを生み出すのは、人間にしかできない領域ということです。

インダストリー4・0時代に必要な仕事のスキルは、創造性やクリエイティブな能力というわけです。

■「ふとした瞬間」を見逃すな

では、どのようにして直感やインスピレーションは生まれるのでしょう?

通常、新たなアイデアや発想を生むためには、データや情報をインプットして、そのデータを分析し、発想を変えてアウトプットするということを行います。脳の働きも、インプットとデータ分析、アウトプットはそれぞれ異なる領域にあり、3つのサイクルを上手に回せることが、学習能力の早さにつながります。

しかし、インスピレーションは、必ずしもこのサイクルには当てはまりません。

電車に乗っているときや歩いているとき、あるいはお風呂に浸かっているときに、ふとアイデアがひらめいたという経験は、誰でもあるのではないでしょうか。

逆にアイデアを出そうと躍起になっていたり、仕事や勉強に熱中しているときは、案外ひらめかないものです。なぜなら、情報のインプットやアウトプットのために脳を使っているためです。

電車に乗っていたり散歩していたり、ぼーっとしている時間、つまりリラックスしている時間は、何の情報も入ってきませんので、いわば脳は暇を持て余した状態になります。しかし、脳は働き者なので、その間に情報処理を勝手にはじめるわけです。**すなわち、ぼーっとリラックスしている状態でこそ、脳は過去の経験や未来への願望、現在の状況などを分析し、必要としている最適解を見つけ出す。それがインスピレーションです。**

■「歩くこと」がシンプルでもっとも有効な方法

2章のなかで、僕は歩きながらマインドフルネスを行うと言いましたが、これは、外部からの情報を遮断して、脳の休息と情報整理を自動的に行っているわけです。実際に、歩きながらアイデアが生まれることはよくあります。

なぜ歩くことで、アイデアやインスピレーションが生まれるのでしょう?

足は第二の心臓とも呼ばれ、ふくらはぎなど足の筋肉を動かすと、血液をポンプのように循環させ、血流をスムーズにする効果があります。

長く歩き続けることによって、脳にも血液と酸素をたっぷりと行き渡らせることができ、それが脳の活性化につながって、アイデアや発想が生まれやすくなるとされています。


ロングトレイルをご存じでしょうか? 欧米を中心にレジャーのひとつとして人気があります。要は歩く旅を楽しむというもので、町や田園地帯、山道を歩いて旅し、その土地の自然や文化、歴史、人々とのふれ合いを楽しみます。

アメリカには数千キロに及ぶロングトレイルのための道や施設が整備されていて、何カ月もかけて歩き続けたり、何回かに分けて歩きます。

日本でも、古くから熊野古道や四国八十八ヶ所の遍路道などがあり、これらは宗教と深い関わりがありますが、ロングトレイルの文化は根づいていると言えます。

進化論を唱えたダーウィンは、自宅に考え事用の散歩道をつくり、1周ごとに石を数えて難問に立ち向かったとされます。また、作曲家のベートーヴェンは散歩好きとして知られ、散歩の際はつねに五線譜と筆記用具を携行していたそうです。

ビジネスの場においても、アップル創業者のスティーブ・ジョブズや、先述のマーク・ザッカーバーグ、ツイッター創業者のジャック・ドーシーらは、いずれもウォーキング会議を実践していました。

一人で歩くだけなく、チームで歩きながら問題解決に向けて話し合いを行うと、思ってもみないアイデアやインスピレーションが生まれるのです。

「集合知」がクリエイティブな発想を生み出す

1人のインスピレーションや思いつきから生まれるアイデアは、限られたものに過ぎません。1人の頭のなかにインプットされた情報量にも限度があります。

そこで、重要になるのがコレクティブインテリジェンス、すなわち「集合知」です。会議やコミュニケーションなどの場で、3つ、4つと脳をつなげていくことができれば、ひとつの脳では到達することができない、完成度が高く柔軟な思考やアイデアが生まれます。

1人が2人に、2人が3人に、3人が4人に……と、人が増えることによって「できること」も飛躍的に増えていきます。

集合知は足し算ではなく、かけ算で増えるのです。

■集合知に欠かせないダイバーシティ

その一方で注意しなければいけないのが「集団思考」と呼ばれるものです。

心理学者でアメリカ・イェール大学のアーヴィング・ジャニス教授によって定義されたもので、同じ考えを持った集団がきちんとした議論もせずに誤った判断をしてしまうプロセスのことです。

「同じ考えを持った集団」とは、つまりダイバーシティが形成されていない集団のことで、チームの和を優先するあまり、自らの意見や反論を控えてしまう、あるいは、リーダーや一部の仕事ができる人に任せてしまう状態です。

日本では〝お偉方〟ばかりが集まる会議などでよく見られるケースです。1章で述べたように、「思考のダイバーシティ」が進まない日本の企業や団体は、まさにジャニス教授が指摘する集団思考に陥ってしまっているのです。

たとえば、みんな有能だけれど、同じ組織、同じ考え方、同じバックグラウンドを持った人たちがアイデアを出し合う会議と、必ずしも全員が有能ではないけれど、異なるバックグラウンドを持つ人たちが集まったダイバーシティ環境でアイデアを出す会議とでは、後者のほうがイノベーションにつながるのです。

日本人同士の会議に僕が加わることで、イノベーションを起こせるのは、何も僕が特別な人間だからではありません。ダイバーシティが付加されるからです。

日本人同士なら常識と思うようなことでも、外国人の僕には理解できなかったり、疑問に思うことがたくさんあるからです。

■「ふとした瞬間」を意図的につくり出せ

こうした属性や立場の違いによって、異なるものの見方が生まれますが、これこそが足し算ではなく、かけ算になるわけです。

会議において、このような環境をつくり出すためには、「ふとした瞬間」を意図的につくり出すことが重要です。

手順としては、まず課題をみんなで吐き出し、アイデアの刺激となるようなさまざまな情報を提示し、インプットする時間をつくります。

雑多に並べられた情報に対して、すぐに解決策は求めません。

即断即決が求められることが多いビジネスの場ですが、アイデア出しでそれをやってしまうと、各々が経験則で話をするだけになり、結局はこれまでと大差のない当たり前の企画しか生まれないからです。

結論を急ぐのではなく、お互いにコミュニケーションをとり、一人ひとりがマインドタフネスであることが大切です。

長時間になる場合は、気の利いたアイスブレイクを入れたり、あるいは場所を変えてみるのもいいかもしれません。アイデアは必ずしも会議室で生まれるとは限りません。**リラックスした状態をどれくらいつくり出せるかが、集合知のインスピレーションを生むカギになるのです。**

■SNSは集合知の便利なツール

集合知の活用として、SNSを利用する企業も増えています。日本では無印良品の「ものづくりコミュニティー」や「くらしの良品研究所」などが有名です。フェイスブックなどを通じて寄せられた商品への感想や提案を通じて、実際の商品開発に活用しています。

「人をダメにするソファ」と呼ばれる商品は、動きたくなくなるほど快適な「体にフィットするソファ」のことですが、これはユーザーの声を反映させてリニューアルされ、20万個以上を売り上げる大ヒットになりました。

このように、ＳＮＳは単にブランディングやマーケティングに活用されるだけでなく、今では商品開発にも利用されています。

ＳＮＳを活用する際に気をつけたいのが、その企業に対する愛着や絆を感じている層からのコメントを、いかに拾えるかという点にあります。

これは「エンゲージメント」と言われますが、これまでに心理的安全性がいかに重要かをお話ししてきたように、ユーザーもまた企業から「信頼されている」「尊重されている」「必要とされている」と感じられなければ、企業に協力しようという気持ちは起こらないものです。

社内のみならず、社外からの声も活用した集合知は、さまざまなアイデアの可能性を秘めているのです。

早く失敗して、早く成功する

日本のビジネスパーソンは、協調性や団結力がある半面、「決断力がない」と言われます。商談の場でも、担当者と「ぜひやりましょう」と話が盛り上がったものの、その後「では、この件について上に相談しますので、いったん社に持ち帰ります」などと言われることがあります。

サッカーの日本代表チームは、チームとして完成度が高くとも、シュートを打つ人がおらず、パス回しばかりしていると言われます。

個より集団を重視するあまり、「日本のビジネスパーソンは、個人としての責任を負いたがらない」と世界からは見られているのです。

スピード感が求められるグローバル社会においては、「持ち帰って上司に相談」している間に、他社に仕事を取られてしまいます。

一瞬の決断の遅れがチャンスを逃すことになりかねない状況が、ますます加速している時代です。果たして今の日本のやり方で通用するのでしょうか。

特に大手企業で多いのが、ゴール設定が不明瞭で社内調整ばかりの会議です。これでは前に進むわけがありません。

■「Fail Fast（まず失敗せよ）」で最短ゴールを目指す

スピード感を持って仕事を進める手法のひとつが「プロトタイプシンキング」です。

コンピュータのプログラミングにおいて、多少のバグや間違いは無視して、とりあえず大枠をつくってしまうことをプロトタイプ（試作品）といいます。

コンピュータやＩＴの世界では、こうしたプロトタイプの状態でやりとりをすることが常識とされています。

たとえば、プログラマーから「ここはこういう機能になっていて」などと口頭で説明されてもなかなかイメージすることはできません。それよりも、たとえ大枠であっても、出来上がったものを見ながら話したほうが理解は早いものです。

早い段階からイメージを共有することで、万が一認識の齟齬《そご》や意見の違いがあっても、小さなやり直しですむので、仕事もスムーズになります。

グーグルでは「Fail fast, fail forward（まず失敗する、失敗して前に進もう）」という言葉がよく使われています。

プロトタイプの状態でその都度、軌道修正を図っていけば、大きく失敗することはありません。これまでの仕事をムダにすることなく、最短距離でゴールを目指すことができるわけです。

このプロトタイプシンキングは、プログラムの世界に限らず、一般的な仕事でも活用できます。

日本のビジネスパーソンに多いのが、プロトタイプとは逆に、完璧な状態に仕上げたがることです。どう評価されるのかを気にしすぎて何度もブラッシュアップを繰り返し、前に進めないケースが多いのです。

しかし時間をかけること＝仕事のクオリティが高いとは言えません。

むしろプロトタイプの状態で、コミュニケーションを図りながら、より完成度が高いものへと仕上げていく。細かいところはあとから詰めて考えるほうが、結果的にスピード感も増し、クオリティを高めることにもつながるのです。

グーグルにとても優秀なエンジニアがいるのですが、彼がリードしていたプロジェクトは大失敗しました。

その後、どうなったか？　なんと彼は昇進したのです。その大失敗によって、これまでわからなかったさまざまな問題が浮き彫りとなって、新しいプロジェクトに活かせたからです。

たとえ失敗しても、失敗から得た成果が大きければ、むしろその失敗には大きな価値があるということです。

先述したスリーエムの例も、本来失敗作である「はがれやすい接着剤」を開発した研究者は、それを隠すことなく社内に公表しました。その結果、別の研究者のアイデアと結びつき、ポストイットが生まれたのです。

企業文化と言ってしまえばそれまでですが、少なくとも心理的安全性が確保された職場であれば、チャレンジと失敗は大きな価値を生むことができるのです。

■５日間で結果を出す「スプリント」プログラム

ここまでマインドフルネスによって個々のメンタルを柔軟にし、さらにその効果をチームにもたらすための方法、コミュニケーションのとり方、そしてスピード感を持って成果をあげるために必要な考え方をご紹介してきました。

次に紹介するのは、それらが実現したひとつの仕事術です。これは「スプリント」というグーグルが開発した超高速の仕事術で、GmailやChrome、グーグルサーチの開発にも使われた革新的なプロセスと言われています。

さらにアメリカの企業ではフェイスブック、マッキンゼー・アンド・カンパニーなど多くの企業ですでに取り入れられています。

手順としてはまず、リーダー1人と、必要な分野からエキスパートを選び、合計7人のチームを編成します。

この際も、ダイバーシティ、つまり人材の多様性がポイントになります。たとえば、スポンサー、シニアマネージャー、マーケッター、デザイナー、デベロッパー、カスタマーサービス、営業など、さまざまな分野における代表を選びます。

そして、課題出しからユーザーテストまでを、わずか5日間で行います。5日間は次の通りに進めていきます。

月曜日　問題を洗い出して、どの重要な部分に照準を合わせるかを決める
火曜日　多くのソリューション（解決策）を洗い出す
水曜日　ベストソリューションを選ぶ
木曜日　プロトタイプを作成する
金曜日　ユーザーテストを行う

この5日間は、メンバーはほかの仕事に関わることなく、とにかくこのひとつのプロジェクトに集中します。メールはもちろん、スマートフォンもオフにします。

問題の洗い出しからユーザーテストまで5日間で行うなど、とても無理だと思うかもしれませんが、ポイントは月曜日の問題の洗い出しにあります。

本来なら、ソリューションやプロダクトの作成に時間をかけたいところですが、問題を正確に洗い出し、チームで共有する時間をしっかり持つことで、その後のスピード感が大きく違ってくるのです。

ソリューションを個人とチームそれぞれが考えることで、インスピレーションを得る時間も確保します。

そしてプロトタイプの作成には、完璧さを追求しません。まさにプロトタイプシンキングで臨むことが重要です。

金曜日のユーザーテストに向けて、必要な部分のみを作成します。目的は、「完璧さ」ではありません。ユーザーの「反応を見る」ことです。つまり、チームが進むべき正しい方向性を知ることであり、それを確認してから必要な修正をして、完璧に向かうわけです。

このように、スプリントの最大のメリットは、たとえユーザーテストの結果が失敗だったとしても、アイデアが正しい軌道に乗っているかどうかを、たった5日間で知ることができる点です。

従来の商品開発と言えば、数カ月や数年かけてほぼ完璧な状態に商品を仕上げ、リリース直前にユーザーテストなどを行って微調整するというものでした。

対してプロトタイプシンキングやスプリントという手法は、まずプロトタイプでテストしてしまうことで、その後の完成までのつくり込みがきわめてスムーズになり、かつ成功率も上がるというわけです。

日本ではまだ認知度が低く、実践している企業は多くはありません。しかし、これまで何カ月もかけていたプロセスが、飛躍的に短くなり、効率も上がります。スプリントで作業する生産性の高いチームは、よりビジネスの価値を創出し、大きな組織のなかでも存在感を高めていくことができます。

今後、スピード感を高めるためには、欠かせないメソッドとなることは間違いないでしょう。

インパクトと新たな価値をもたらすこれからの生き方

ＡＩやＩｏＴなど技術が高度化していくに従い、人の働き方や生活も変化し、高度化していきます。

先にも述べた通り、コンビニやスーパーのレジは無人化され、自動運転や自律型ドローンがドライバーに代わって人や荷物を運んでくれます。ドイツのインダストリー４・０は、２０３０年の達成を目標に進められています。工場の稼働や農業などもスマート化され、人の手がなくとも生産できるようになります。

企業でも個人でも、ＡＩをどう活用するか、あるいは活用できるか否かによって、格差が生まれるだろうと考えられます。

仕事のアイデアやクリエイティブな部分は人間が行い、実作業はＡＩなどのロボットにすべて任せる。つまり先に述べたように仕事がなくなる、もしくは奪われるというよりも、人間が行うべき仕事が変わるというのが正しいでしょう。

■変化の波に乗って未来をつくる

今から約30年先の2050年は、どんな社会になっているでしょう。町中をAIを搭載したロボットが歩き、無人運転のタクシーが人を運び、国境もなく地球の裏側へも数十分で移動ができたり、宇宙旅行を楽しんでいるかもしれません。

今、私たちが考えるべきことは、これからの社会に不安に感じたりすることではありません。

大切なのは、世界が変わるより先に、未来をつくることです。

たとえば、日本の大手メーカーではなかなか開発が進まない電気自動車をいち早く完成させ、販売したテスラ。民間のロケット開発事業において、さまざまな革新的な試みを行ってきたスペースX、そして無人自動車の研究開発などを行うグーグルの研究機関Xなど、いずれも自ら未来をつくる会社です。

さらに、データマイニングなどデータの解析技術に関係するものはもちろん、ソーシャルビジネスのような分野にもっとスポットが当てられるのではないかと考えています。

ソーシャルビジネスとは、環境保護や介護・福祉、子育て支援、観光や地域づくりなど、社会的な課題の解決をミッションとするビジネスです。

2006年にノーベル平和賞を受賞した、グラミン銀行の創設者であり経営者であるムハマド・ユヌス氏は、マイクロクレジットと呼ばれる低金利の無担保融資で、貧困層の支援を行いました。

また、アメリカの「D．C．セントラルキッチン」の設立者ロバート・エガー氏は、ホームレスに無料の食事を提供するだけでなく、就労訓練プログラムで訓練を受けたホームレスが、調理して販売するというソーシャルビジネスを展開し、ケータリング事業で年間100万ドル（約1億2000万円）を売り上げています。

日本においても、そうしたソーシャルビジネスのスタートアップを支援するエンジェル投資家に注目が集まっています。

たとえば、ソフトバンクの会長孫正義氏の実弟である孫泰蔵氏は、スタートアップ育成会社のミスルトウを設立して、単に起業家を支援するだけでなく、小さな会社が社会問題を解決するためのさまざまな支援を行っています。

また、あすかホールディングスの会長谷家衛《たにやまもる》氏は、世界から集まった高校生が全寮制でともに学ぶインターナショナルスクール・オブ・アジア軽井沢（ＩＳＡＫ）、世界の人権問題に取り組むＮＧＯヒューマン・ライツ・ウォッチ（ＨＲＷ）などを積極的に支援しています。


僕は、今の資本主義は少々行きすぎていると思っています。多くの個人や企業が私益の追求に走るあまり、公共の福祉や経済的弱者への配慮が希薄になっているのです。この延長線上に幸せな社会はありません。

ましてや利潤追求型の働き方を続けたところで、ＡＩやＩＴ技術が台頭すれば、それこそ仕事が奪われ、格差が拡大するばかりです。

時代の変化とともに、求められる価値や、成功の定義は確実に変わっていきます。

「こうありたい」という自己実現を描いている人に対して、実現できるようにサポートしたり価値を与えられる、そんな人こそが価値ある存在になるのではないかと思っています。

つまり、利潤追求型の働き方から、社会の課題解決型の働き方という新たなステージへ、進むべき時代の転換期にきているということです。

ステージを変える。

そのときこそが、メンタルタフネスの時代だと僕は思っています。もう少し言うと、精神性が重要となる生き方が求められる時代です。人間の本質を知り、互いに高次元で理解し合える社会の実現です。簡単に言うなら、人にも社会にも、地球にもやさしい社会です。

そんな変化は可能なのでしょうか？　時計の針を巻き戻して過去を振り返ってみると、たとえば古代ヨーロッパでは、奴隷たちが武器を持って決闘することが大衆娯楽であったという野蛮な時代がありました。魔女狩りや拷問、人種差別など数々の暴力の歴史から、人類は少しずつ精神のステージを進化させていき、やがて人道主義が育まれていきました。その歴史の延長線上に、新たな精神性を追求する時代が到来すると思っています。

■森林からヒントを得る社会の循環とは

次のステージの先にあるのは、たとえるなら、森林のエコシステムのようなものかもしれません。

雨は木々や草花を潤し、生長を促します。すくすくと伸びてやがて花が咲くと、ハチやチョウなどの昆虫が集まり、受粉して実を実らせます。その実を鳥や小動物が食べて、フンとともに未消化の種を出し、その種が発芽する。木が枯れたり、昆虫や鳥が死ねばそれは次世代の栄養分となります。こうした生命の循環によって豊かな森へとどんどん生長していきます。

森と比べると、現在の資本主義はまるで砂漠のようです。お金という水は一部の資本家が独占して、木々や草花を潤すことはありません。枯れた大地にたとえ水を注いでも吸い込まれ、種をまいても発芽することはありません。

それでも、エコシステムの大切さに気づいた一部の人がいれば、オアシスをつくることができます。オアシスには木や草花、さまざまな鳥や動物が集まり、やがては森になるかもしれません。

生態系のピラミッドのトップにあるのは、実は人間ではなく、森ではないかという説もあります。

木や草の一つひとつではなく、森という全体が、もっとも進化しているのではないかという説です。

人間には五感がありますが、森には20以上の感覚があって、光や風、気温、水などをさまざまな部分で感じ取っていると言われています。

大きな木が小さな木に栄養を分け与え、特殊なネットワークでつながっているとも言われています。

人は、頭で考え口と耳でコミュニケーションをとっていますが、もっと感覚的に全体で意思の疎通ができる世界というわけです。

これからの人間に必要な精神性は、高次元でつながり合う意識であり、ＩＴ的な言い方をすれば意識をクラウドにアップするということです。精神性な豊かさの追求こそが、きたるＡＩ時代に人が目指すべきステージではないかと思います。

新しい価値をもたらす「アルケミスト」という存在

本書の「はじめに」でも少し述べましたが、これからの世のなかで求められるマインドタフネスは「アルケミスト」という生き方でもあります。

僕が定義するアルケミストは、自分のすべてを投じて生き、挑戦し続けることで世界を変える人です。

心地良さを捨てて旅に出て、さまざまな困難と向き合い、居心地の悪い環境に身を置きながら、数々の発見と気づきを得た、小説『アルケミスト』のサンチャゴ少年のように、激動の今の時代を生きるうえで身につけるべきリーダーシップがアルケミストだと考えます。

ハーバード教育大学院元教授で、ボストン・カレッジの「変化のためのリーダーシップ」という管理職向けプログラムの創設者の一人であるビル・トルバート氏によって提唱された「リーダーシップの7段階の発達理論」（Gloal Leadership Profile：GLP）というものがあります。

1段階目「機会獲得型」…自らに得になる機会を見つけたら、なりふりかまわず行動してゲットします。逆に望むような結果が得られそうにないときには見向きもせず、避けて通ります。

2段階目「外交型」…他者に配慮して行動し、集団の和を保ったり、互いへの配慮を促します。新しいことにチャレンジするものの、集団に波風を立てるような行動はしません。

3段階目「専門家型」…特定の専門分野に対する知識が豊富で、成果をあげることができます。一方で、環境や状況の変化に対応することが苦手です。

4段階目「達成者型」…目標達成に向けて、チームやメンバーを巻き込みながら成果をあげることができます。しかし、自らの成功体験に縛られ、思考の枠組みから逃れることができません。

5段階目「再定義型」…正解はないものとし、従来の戦略を再評価し、新たに独自のやり方で成果をあげます。

6段階目「変容者型」…意図、戦略、行動、結果がどのように相互作用しているかに注目したうえで、チームでコミュニケーションを図りながら変えていきます。

7段階目「アルケミスト型」…すべてが実験的であり、リーダーのみならずチームも相互に変容をもたらす力があります。

成長の最終段階がアルケミストというわけです。

■好きなことを極めた人はみんなメンタルタフネスだった

アルケミストとは、どのような人物であるのか、その特徴をいくつか見ていきましょう。

特徴1　調和的でありながら同時に無秩序

アルケミストは組織のなかで、場の空気を読みながらあえて空気を壊す人です。南アフリカの元大統領・ネルソン・マンデラのエピソードをご紹介します。

マンデラが幼い頃に学んだリーダーシップは、会議では黙ってどんな立場の人の話にも耳を傾けること。群れ（集団）の後ろで全体を統制する羊飼いのようなスタイルです。反政府運動の際も、つねに会議は民主的で、組織の決定に身を委ねることを基本としていました。その一方で、本当に必要とされるときには、幹部を含め誰の意見も聞かず、自分の信じる方向に組織を導くこともありました。白人政府との交渉や当時白人だけであったラグビーチームを「国に残す」という判断も、同胞の反対を押し切って決断しました。結果的にマンデラのこの決断は、「虹の国（多くの人種が融和し、希望の溢れる国）」、南アフリカをつくることになりました。

特徴2　相手のペースに対応する

僕の話になりますが、いろんな場面、タイミング、相手によっていろんな顔を使い分けます。それは自分の接し方によって、相手やその場に良い影響を及ぼせるかどうかで、振る舞いを決めているからです。声のトーンや話すスピード、選ぶ言葉の抽象度、さらにユーモアと真面目さ、厳しさとやさしさを変えていきます。行動で示すか、問いかけることで内省を促すのか、もしくは叱ることで伝えるのか。こうしたすべてを一瞬一瞬で判断します。はたから見ると「いつ見ても、いつも違うピョートルさん」と感じるはずです。

特徴3　行動しながら、慎重に耳を傾ける

多くの人は、行動する前に慎重に計画し、実行に移しますが、僕がよくするのは「まずはこれを実験してみよう」ということです。正しいか正しくないかを考えてから行動するのではなく、「すべては実験」なのです。「今この問題が起きた」というシェアは不要。今、この瞬間に計画をどう変えるのか、どんな新たなアクションを生むのかがすべてなのです。

ほかにもアルケミストには「多くの組織で重要なプレーヤーを担う」「場の要請により、意図的に自身の内面の葛藤をさらけ出す」「ユーモアと真面目さを組み合わせる」「相反するものの間の緊張に立つ」「死（命）を捧げて生きる」「瞬間、瞬間の探求から信念に反する行為も厭わない」などの特徴があります。

予測不能な現代において、今まで慣れ親しんできたもの（会社や肩書など）が、あな

たの安心や幸せを保証するわけではありません。今の選択は、自分の人生の最適解になっているでしょうか。

また、「他人がどう思うか」「不安から逃れる」ことを優先した生き方になっていないでしょうか。

これからの生き方は、サンチャゴ少年のように「自分の人生を探求する」ことです。これから、さまざまな場面で「自分の夢や人生を探求して生きるのか、それともそれをあきらめて生きるのか？」という選択を迫られるはずです。

そこで肝心なのは、心の声に従うことです。

「好きなことを仕事にして生きたい」という声が聞こえたら、同時に「夢を追いかけるなんて無理なこと」「自分にはそんな能力も勇気もない」「達成など不可能だ」といった恐れも感じるでしょう。でも、そうした恐れに意味があるでしょうか。

恐れをはねのけるのは、好きなことへの思いの強さです。自分の人生を切り拓いていく喜びです。それが目指すことがメンタルタフネスな生き方なのです。

おわりにかえて

メンタルをどうとらえるかで、いかに私たちの可能性を無限に引き出せるものか、少しはおわかりいただけたでしょうか。

僕はメンタルの追求こそ、無限の可能性を秘めていると思っています。コミュニケーションとは、あらゆる可能性だということもお伝えしてきましたが、最初にコミュニケーションをするのは、他人とではありません。自分に対してです。

つまり、自分の本質を知ること、自分とまずつながることこそが、とても重要なわけです。

高次元なメンタルを持つメンタルタフネスは、経験則を超えた最適解が得られる人です。それを体験を通して教えてくれた人がいます。

栗城史多《くりきのぶかず》さんは登山家であり、僕の大切な友人でした。彼と話すとメンタルがいかに壮大な知恵を持っているかを教えられます。

2018年2月にメンタルについてうかがった話を一部、ご紹介しましょう。

特別対談

ピョートル・フェリクス・グジバチ × 栗城史多（登山家）

1982年、北海道生まれ。大学山岳部に入部後、3年生の時に単独で北米最高峰マッキンリー（6194メートル）に登頂。その後、6大陸の最高峰に登頂。大学卒業後、2007年のチョ・オユー（8201メートル）の単独・無酸素登頂から動画配信をはじめる。2008年のマナスル（8163メートル）では山頂直下からのスキー滑降に成功。同年、エベレストの生中継登山「冒険の共有」に向けた配信プロジェクトを立ち上げる。2009年、ダウラギリ（8167メートル）の登頂と6500メートル地点からのインターネット生中継に成功。2012年秋にエベレスト西稜で両手・両足・鼻が重度の凍傷になり、手の指9本の大部分を失うも、2014年7月にブロードピーク（8047メートル）に単独・無酸素登頂、復帰を果たす。2018年5月21日、8度目のエベレスト挑戦中、体調を崩して下山の途で滑落して亡くなる。

命と向き合い人生を生ききる

ピョートル　栗城さんは2012年に凍傷で手の指を失うほどの事故に遭い、それでも2年後には復帰を果たしています。もう本当にすごい精神力だと思います。

栗城　登山の魅力は、苦しみが大きいほど、喜びも大きいという振り子のような不思議な世界なんです。だから、僕の場合、登頂できた山よりも、どうしようもなく苦しかったとか、やむを得ず途中で下山することになったとか、そういう山のほうが思い出深いものです。苦しみと喜びは逆のようで、実はつながっているんです。

ピョートル　栗城さんが前に言っていた「苦しみに感謝する」という言葉に僕はすごく共感したんです。

栗城　困難とか挫折という言葉はいやなイメージがありますが、実は困難とか挫折、苦しみというものは、むしろ人生を豊かにしてくれているのではないかと思います。もし、僕がずっと登頂に成功して一度も失敗せずにきたら、登頂した喜びはあったとしても、何も学べずにいて、その後は何も残りません。

ハッピーとウェルビーイングというのがあって、ハッピーはその場限りの幸せだけれど、ウェルビーイングはひと言で言うと持続的な幸せ。世のなかの人たちは、みんな手軽に手に入るハッピーは求めるけれど、ウェルビーイングを意識していない。**深い意味での幸福や、生きていることの満足感、そうしたものを求めるには困難とか苦しみが必ず伴うものです。**僕は、山登りを通じてウェルビーイングを手に入れられたからこそ「苦しみに感謝」という言葉が自然と出てきたんです。

ピョートル　困難に向き合わず、避けて通ってしまう人は、その先にあるウェルビーイングも実感することがないわけですね。

栗城　失敗して学んだことや、人間としての成長できたことも考えると、苦しみというのは、ありがたいことなんです。8000メートルの山に挑戦したとき、苦しいながらもいつの間にか「ありがとう」と言いながら登っていたんですよ。

ピョートル　山に登るときは、「登ってやるぞ!」という気合いが入るものなんですか?

栗城　そういうのはないんです。8000メートルくらいになると、登るのに1カ月ぐらいかかるので、あまりテンションが高くなると続かなくなっちゃいます。**だからテンションを高めるのではなく、「ありがとう」という感謝の気持ちでいると、どんどんリ**

ラックスしてきて、自然体でいられるんです。

ピョートル　まさに、本書でも紹介した超集中状態ですね。心と体が一体となり、気持ちがアップするのではなく、むしろ「感謝」という言葉でリラックスして最高のパフォーマンスを発揮する。

栗城　無酸素登頂のときは、酸素を使わずにすむ体をつくる必要がありますが、脳がものすごく酸素を使うんです。全体の2割ぐらい。だから、脳にストレスを抱えていたり、テンションを上げていると、酸素がどんどん消費されていってしまいます。気合いを入れるのではなく、苦しみに支配されるのでもなく「感謝」の気持ちで登ることで脳の酸素消費量がある程度は抑えられます。

ピョートル　登山をはじめたきっかけはたしか……。

栗城　はい、当時はニートで、登山好きな彼女にフラれたからです(笑)。彼女は雪山にも平気で登るような人で、僕も山の世界にはいったい何があるのかを知りたくなって山岳部に入りました。安易な気持ちで入ったものの先輩が非常に厳しい人で、どんな悪天候でもいっさい途中下山は許されず「登頂癖をつけろ！」って言うんです。その先輩と2人で北海道の冬山55キロを縦走したんですが、縦走ですからいくつもの山脈を越えていく。途中で僕はもしかして遭難しているんじゃないかとか、苦しくて絶対にゴールにたどり着くことはできないと、それまで経験したことのないほどの極限状態に陥りました。

そして、1週間後、ようやくゴールにたどり着いたとき、眼の前に日本海が広がっていて、その海を見た僕は涙が止まらなかった。これまで悔しいとか悲しいなどで泣くことはあっても、感動して泣いたことなんてなかった。それがすごく衝撃的でした。それから、帰りの電車のなかで自分の人生を振り返ったとき、中学や高校の頃、夢とかやってみたいことがあったけど、もう一人の自分が「がんばっても自分の能力ではここまでしかできない」とささやいていたんです。つまり、自分で勝手に壁をつくって、夢をあきらめていたんだなと思って……。

でも山は、「できる」「できない」ではなくて、とにかく生きて帰るために必死だった。**そこではじめて、「限界とか不可能というのは、自分が勝手につくっているだけなんだ」と気づきました。**それでもう、山という世界はすごい！　そう思って登山の魅力にのめり込んでいったんです。

ピョートル　感動体験こそ生きる意味ですよね。山で命の喜びを知る経験というのは、大きいということですよね。

栗城　僕が単独・無酸素登頂に挑むのには理由があって、山に一人で行くとものすごく孤独で不安で、怖い。**でもそうした極限のなかにいると、僕が自然の一部であることを感じることができる。**そして孤独だから、自分と向き合うしかなく、それは自己との対話でもあるからです。

ピョートル　登頂がゴールでないという言い方もできますよね。結果としてもたらされるものであって、それが絶対ではないという。

栗城　一流の登山家でも、登れていない山がある人もいます。それはもちろん安易に下山したわけじゃなくて、本当にギリギリまで行ったけれど、あきらめて帰ってきたんです。それにはすごい勇気が必要です。エベレストでもっとも事故が多いのは、頂上が近づいてきたときで、頂上が見えるとみんな希望を持ってしまうからなんですね。もう酸素ボンベが切れそうだとか、悪天候が近づいているとか、客観的に考えれば行けないはずなのに、あと1時間で行けるかもしれない、と考えたら行くほうを選んでしまう。死ぬ気なら、誰でも行けるんです。ただ帰ってくることができない。これは失敗です。

ピョートル　要はがんばることが大切なのではなく、どう生きるかについて選択を迫られ、正解を導くためには、経験によって研ぎ澄まされた感覚とメンタルが必要だということですね。

栗城

そうですね。僕も2012年の秋、エベレストで無理に頂上を目指して「行ってしまった」ことで、事故となり、指を切断することになりました。今思い返すと、感覚的には「行かないほうがいい」というアラートが鳴っていたんです。でも成功しなければいけないという焦りもあった。案の定、8070メートルで、強風でもう登れないとあきらめるんですが、そのときはもうすでに凍傷になっていました。

あとで、先輩に言われたのは「山を見るんじゃなくて自分を見ろ」という言葉。すべての答えは自分のなかにあるのだと。**それまでは、エベレストにどう登るかばかり考えていたんですが、「もっと楽しむべきではないか」という考えが浮かびました。**というのも、以前別の先輩から、「下山の判断基準は悪天候などさまざまなことがあるけど、楽しいかどうかで判断しろ」と言われたことを思い出したんです。「楽しくなかったら下山しろ」と。考えてみれば、エベレストで最後のアタックをかけるかどうか迷っていたとき、僕は楽しめていなかった。少し鬱状態になっていましたし、それだけ精神的に追い詰められていた。そういうときは、絶対にいいパフォーマンスは出せません。苦しくとも楽しいと思える心があってこそ、最高のパフォーマンスが出せるんです。

ピョートル　楽しむという感覚は、リラックス状態でしか、もたらされない感覚ですからね。だから最高のパフォーマンスを出すメンタルだと、楽しむという感覚を得られるわけですね。

栗城　山で事故が起きるときは、必ず何か前兆があるんです。たとえばヘルメットをつけるのを忘れているとか、靴の紐の結び方がいつもと違うとか。現場で本人は、なかなか気づきにくいのですが、本当は自分のなかでアラートが鳴っていて、知らせてくれているんです。僕の尊敬する先輩は、ベースキャンプに着いて、山を見てやめることもある。天候とか条件ではなくて、何かを感じるんです。つまり自分にしかわからないアラートが鳴るんです。

ピョートル　まさに直感ですね。その直感を磨くのに、訓練とか特別なプロセスはありますか?

栗城　ひとつは経験です。いかに場数を踏んでいるかということ。**ただし成功体験ではなく、どれだけ大変な思いをしたか、たくさん失敗したか、という経験です。もうひとつ大切なのは、孤独になってみることです。直感力は自分との対話のなかで磨かれていく**

と思います。逆にグループでの登山は、場合によっては「あの人も一緒だから」とか「みんなが行く気になっているから、やめるとは言い出しづらい」など、自分のなかでアラートが鳴っても聞こえにくい。聞こえていても無視してしまう。自分の声を聞くためには、一人で自分と向き合って、自分の体や心が発している言葉に耳を傾けることが大事なんです。

ピョートル

実は僕たちはみんな、子どもの頃は神秘的な感覚や体験をたくさんしていたけれど、それを大人に伝えると、「何をバカなことを」とたしなめられる。大人になることで、そういう感覚は不要なものとして捨てられてしまい、いつの間にか失ってしまう。でも、そういう感覚も体の奥底に眠っているだけで、栗城さんみたいに山で孤独な体験を通じて、再び呼び覚まされたり磨き上げられたりするんでしょうね。

栗城

2011年に登ったシシャパンマ南西壁という8000メートル級の山は、1600メートルの氷と雪の壁があって、そんな大きな壁ははじめてでした。もう怖くて、登りはじめる決意をするまで3日かかりました。その3日間、何をやっていたかというと、壁の近くまで行って、テントのなかにこもって、足が出るのを待っていたんです。足が少しでもテントの外に出たら、体が「行け」と合図を出していることだと。ところが、なかなか足が出ない。ひたすらテントのなかから氷の壁を見て、自分の体と対話しながら時を待ちました。結局、3日目に足が出て出発しました。壁を登りきったあと体調が悪くなって山頂には到達できませんでしたが、壁を登りきることができて、そのときはとても満足できましたね。この体験からわかるように、五感っていうのはすごく大事。すべての細胞はつながっていて、最後は直感というか、体の内部から発せられたメッセージやシグナルをいかに感じ取れるかということだと思います。でもみんな頭だけ使って考えようとして、直感を無視するから、それが現代社会の生きづらさになっているのかもしれません。

ピョートル

精神性の成長には、自己認識から自己開示、自己表現、自己実現というステップがあって、自己実現ができるようになれば、自己効力感も高まり、周りに与える影響も大きくなり、価値を創造できるのだと思います。

だけど、日本人は根本的な問題として、自己認識していないように思うんです。自己認識ができないから自己開示へと進めない。たとえば、欧米では根本的なメンタリティとしてキリスト教的な考え方を持っています。そのひとつが「罪」。大なり小なり誰でも罪を犯してしまうもので、そのときは神様に告白します。ウソをつくのではなく、罪を懺悔《ざんげ》する。これがいわば自己開示でもあるんです。
一方、日本は「恥」の文化と言われるように、告白するのではなく隠してしまうんです。人に自らの恥は告白せず、結果的に自分自身にウソをついてしまうので悪循環となり、自己認識の妨げになっているんじゃないかと思うんです。それではなかなか自己開示も自己表現も自己実現もできないでしょう。これだけ生きる選択肢が与えられている時代なのに、これはまるで自分を知らずに死んでいくというようなものですよ。

栗城

僕らのほんのちょっと前の世代の人たちは、焼け野原を体験して、今の豊かな日本をつくってきた。僕たちがいるのは、70年前の人たちががんばって、敗戦から這い上がってきてくれたおかげです。**今では、飢えもなく豊かな国になったのに、それに甘んじてしまい、本気で生きることをしないのは申し訳ないなっていう気持ちがあるんです。**戦争で亡くなってしまった人も、本当はもっとほかにやりたいことがあったはずです。無念のまま亡くなった人たちに、何かを託されて僕たちは今、この世に生まれてきたと思っています。

ピョートル

時代、時代で与えられた使命、ミッションみたいなものがあるとすれば、今の時代は、おそらく精神性の創造、新しい価値の創造でしょう。それは栗城さんがおっしゃったみたいに、経験することであり、楽しむということ。楽しむというのは、安逸をむさぼることではなくて、何か創造することの喜び、自己や価値の創造。それを個々がもっと楽しみなさいって言われている時代のような気がしますね。だから、**がんばるとか努力ということよりも、いかにその次元を超えるかということのように思います。**

僕は、誰でも自己実現ができるような世界をつくりたいと思うんです。

栗城

そうですね。ちょっと前までは、物がない時代だったので、物づくりで世のなかをいかに豊かで便利にしていくかということが使命だった。**これからの時代は、この満たされている世界を土台として、精神性の創造になるように思います。**そんな人たちが増えていくことが、これからの日本の新たな成長だと思うんです。

僕は、夢というのはその人のアイデンティティだと思っています。自分のアイデンティティを開示して語ることは大切だし、共有してみんなで応援できるような、そんな世界がすごく大切だなと思っています。

それともうひとつ、死を意識することも大切です。山に行くと死というのは目の前にあります。たとえば、エベレストが絶対に安全で、誰でも登れる山だったら、登山家は誰も行かなくなる。死とどう向き合うかということで、逆に生きる意味が出てくると思うんです。**誰にでもいずれ死は訪れるものです。**だとしたら、**将来死ぬことを逆算して、今をどう生きるか、それを考えることが大切かなと思うんですよね。**

ピョートル　結局、僕たちは死に向かって生きているわけで、だからこそ一瞬一瞬をどういうふうに過ごすかが大事。それがわかれば、努力や挑戦への向き合い方や、人との接し方が変わる。生き方も変わる。今日が最後と考えれば、感謝もするし、謝罪もする。人に最後のギフトとして僕が何を残せるかを考える。

栗城　そうですね。今、自己実現と言うと、どうしてもいくらお金を稼ぐかという話になりがちですが、本質的な価値を自己実現として求めるようになっていくと思うんです。

ピョートル　おっしゃる通りですね。**メンタルの強い人と弱い人の差というのは、強い人は、人生はあまり時間がないということをわかっている人。**弱い人は、**時間が永遠にあると思い込んでいる人だと思うんです。**そしてそういう人は、死ぬときになって、神様に「あと5分ちょうだい」とあがくんです。

栗城　僕は凍傷になった指を切断するとき、それを父に伝えようと電話をしたんです。怒られる覚悟で電話をしたら、父は「おめでとう」って言ったんですよ。なんだかよくわからなくて、「なんで?」と聞いたら、ひとつは「生きて帰ってきておめでとう」。もうひとつは、「そういった苦しみを背負って、またチャレンジすることができる。苦しいかもしれないけれども、すばらしい体験なんだ」と言ってくれたんです。考えてみれば、凍傷になってから2年間リハビリして、再び8000メートル級の山に行ったんですが、それを登ったときの喜びはすごく大きかった。たくさんの学びもあった。凍傷にならずに登頂成功を続けていたら、たぶんどこかで帰ってこられないときがきていたかもしれない。父は、たぶんそれをわかっていて、おめでとうという言葉をかけてくれたと思うんです。

ピョートル

人間の一番大きい現実というのは、生と死です。極端に言えば、メンタルが強い人は「もう亡くなっている」という前提で生きているのではないかな。自分がいるかいないかというのは、時間の問題だけ。だから、今、自分は何をすべきか、どんな行動をとって、社会に何をもたらすかという考えが強くなってくるんだと思います。とてもいいお話をありがとうございました。

栗城

こちらこそありがとうございました。

志を持って生きる「アルケミスト」という生き方とは

対談から栗城さんの生き方に触れて、どんなことを感じましたか？

対談のなかで栗城さんは、人生を導く〝直感〟を得るためのもっとも有効な方法として、たくさんの失敗体験から深く学ぶことと、孤独になって自分と対話することの2つを挙げました。

大切なのは、その深さです。指を9本もなくすような経験をしながらも、そうした経験から学び、死をきちんと自覚しながら目の前のことに深い感謝を持ち、一瞬一瞬を生きる。こうした栗城さんの生き方に触れたみなさんが、感動を受け継ぎ、明日からの自分の人生を変えようと思うことができたら、まさに栗城さんは自分のすべてを投じて生き、挑戦し続けることで世界を変える人、アルケミストです。

5章でも触れたように、学問的にもアルケミストというリーダーシップの概念は提唱されています。僕の会社のメンバーである世羅侑未《せらゆみ》がアジアで最初にコーチの資格をとった「リーダーシップの7段階の発達理論」においても、「アルケミスト型リーダー」がリーダーシップの最終段階とされています。

子どもが大人になるまでの発達だけではなく、成人が自らのリーダーシップを発達させていくこともできるということを実証したＧＬＰのような発達理論は、これからの時代を生きる人が、組織や人などへの依存でなく、孤立でもなく、相互に独立したうえで協力し合う社会を前提につくられています。

アルケミストとは、今私たちが向かおうとしている未来の社会をリードしてつくっていける人なのです。

僕の会社では、こうしたアルケミストを多く育みたいと思っています。厳しいことを言いますが、誰でもアルケミストになれるとは限りません。栗城さんのように、自分の命を懸けて、本気で世界に新しい価値観をもたらそうとして一瞬一瞬を大切に行動している人が、日々の訓練を続けた結果、世界を変える影響力を持つことができるのです。そうした本気の人たちを対象に、今年から「プロジェクト・アルケミスト」を立ち上げます。

自分とは何者なのか、亡くなったときに社会に何をもたらしていたいのか、という内省からはじめ、自分のエネルギーの管理や活用方法、変化の原理原則、そうした知恵を一瞬一瞬の行動において緊張感を持って実践し、また内省する……そんな生き方を学ぶプロジェクトです。

実はこの原稿を書いている最中、ポーランドから電話があり、僕は唯一の家族だった兄を亡くしました。

電話では「病院に運ばれて重態だ」ということだったので、僕は緊急に帰国を決めましたが、出発する前に兄は病院で亡くなりました。それは栗城さんの訃報を聞いてから、たった6日後のことです。

亡くなった兄は、僕が生まれ育った実家で農業をしていたのですが、僕はその実家に帰ってお葬式を執り行い、そして農家をたたむ始末をしてきました。70年もの間、家族が住んでいた家を片づけながら、僕は祖父母、両親、そして2人の兄の思い出深い品をひとつずつ手に取り、これまでの人生を振り返りました。

人生にはいろいろなことがありますが、誰にでも唯一共通しているのは「死」が訪れることです。いつ訪れるかしれない死を、どれほど意識できるのか——。それだけで人生は間違いなく変わります。

正しい思考を持って、正しい意図で、正しい選択をする。これは仏教的な考え方ですが、これは志を持って生きるということにつながります。

自分、また周りの人の死を意識し、志を持って生きることができれば、どれほどの価値を自分や周りの人に与えることができるでしょうか。きっとたくさんの感謝に満たされる人生になるはずです。

まずは、そのためのヒントを、この本に詰められたと思っています。

本書の執筆にご協力いただいた蒼井千恵さん、青木千恵さん、阿部真紀さん、池原真佐子さん、大野将希さん、殿岡弘江さん、丸山咲さん、世羅侑未さん、平原依文さん、細見純子さん、星野珠枝さん、小谷奉美さん、仲田早織さん、竹中花梨さん、竹下真由さん、坂本愛さん、財部友希さん、鶴田英司さん、竹中美知さん、平井季幸さんに感謝申し上げます。

最後に大切な友人である栗城さんのご冥福と、最愛なる亡き兄に祈りを捧げます。

２０１８年７月吉日　　ピョートル・フェリクス・グジバチ

参考文献・資料

・リスクモンスター第3回「就職したい企業・業種ランキング」
http://news.mynavi.jp/news/2017/03/27/190/

・起業・ベンチャー支援に関する調査（野村総合研究所）
http://www.meti.go.jp/meti_lib/report/2016fy/000285.pdf

・「Global Career Survey」（2012年 リクルートワークス研究所）

・国立教育政策研究所「好奇心の研究」（OECD調査）
http://www.nier.go.jp/04_kenkyu_annai/div03-shogai-piaac-pamph.html

・舞田敏彦「日本人の知的好奇心は20歳ですでに老いている」
『ニューズウィーク日本版』（2016年2月2日号）

・夏目誠「あなたのストレス度をチェックしませんか？」

ピョートル・フェリクス・グジバチ
Piotr Feliks Grzywacz

プロノイア・グループ株式会社代表取締役社長、モティファイ株式会社取締役
ポーランド生まれ。ドイツ、オランダ、アメリカで暮らした後、2000年に来日。2002年よりベルリッツにてグローバルビジネスソリューション部門アジアパシフィック責任者を経て、2006年よりモルガン・スタンレーにてラーニング＆ディベロップメントヴァイスプレジデント、2011年よりグーグルにて、アジアパシフィックでのピープルディベロップメント、さらに2014年からは、グローバルでのラーニング・ストラテジーに携わり、人材育成と組織開発、リーダーシップ開発などの分野で活躍。マインドフルネスの講師や未来で活躍するリーダーシップ人材の育成に従事する。現在は独立して2社を経営。日本在住17年。ダイビングと合気道が趣味。
著書に『0秒リーダーシップ』（すばる舎）、『世界一速く結果を出す人は、なぜ、メールを使わないのか』（SBクリエイティブ）、『ニューエリート』（大和書房）、『グーグル、モルガン・スタンレーで学んだ日本人の知らない会議の鉄則』（ダイヤモンド社）など多数。

装丁　小口翔平＋岩永香穂(tobufune)
イラスト　高田真弓
組版　株式会社三協美術
編集協力　山下隆
編集担当　真野はるみ(廣済堂出版)

人生が変わるメンタルタフネス

グーグル流「超集中」で常識を超えるパフォーマンスを生み出す方法

2018年8月14日　第1版第1刷

著者　ピョートル・フェリクス・グジバチ
発行者　後藤高志
発行所　株式会社 廣済堂出版
〒101-0052 東京都千代田区神田小川町2-3-13 M&Cビル7F
電話　03-6703-0964(編集) 03-6703-0962(販売)
Fax　03-6703-0963(販売)
振替　00180-0-164137
URL　http://www.kosaido-pub.co.jp/
印刷・製本　株式会社廣済堂

ISBN　978-4-331-52168-7　C0095